DANIELLE FERREIRA DE OLIVEIRA

A QUEDA DE DILMA ROUSSEFF

JORNAL NACIONAL E O GOLPE DE 2016

mórula
EDITORIAL

REVISÃO
Natalia von Korsch

FOTO (CAPA)
Arte sobre foto de Edilson Rodrigues,
Agência Senado

PROJETO GRÁFICO
Patrícia Oliveira

CIP-BRASIL. CATALOGAÇÃO NA PUBLICAÇÃO
SINDICATO NACIONAL DOS EDITORES DE LIVROS, RJ
Elaborado por Meri Gleice Rodrigues de Souza — CRB 7/6439

O46q

Oliveira, Danielle Ferreira de
A queda de Dilma Rousseff: Jornal Nacional e o golpe de 2016 / Danielle Ferreira de Oliveira. – 1. ed. – Rio de Janeiro: Mórula, 2023.
236 p. ; 21 cm

Inclui bibliografia
ISBN 978-65-81315-45-0

1. Rousseff, Dilma, 1947 – Impedimentos. 2. Presidentes – Impedimentos – Brasil. 3. Jornal Nacional (Programa de televisão). 4. Jornalismo – Linguagem. 5. Análisedo discurso – Aspectos políticos. 6. Jornalismo – Aspectos políticos – Brasil. I. Título.

23-81905 CDD: 070.449324
CDU: 070:32(81)

Rua Teotônio Regadas 26 sala 904
20021_360 _ Lapa _ Rio de Janeiro _ RJ
www.morula.com.br _ contato@morula.com.br
/morulaeditorial /morula_editorial

Brasil, meu nego, deixa eu te contar
A história que a história não conta
O avesso do mesmo lugar
Na luta é que a gente se encontra (...)
Brasil, chegou a vez
De ouvir as Marias, Mahins, Marielles, malês

[ESTAÇÃO PRIMEIRA DE MANGUEIRA, 2019]

SUMÁRIO

PREFÁCIO

DANIEL DO NASCIMENTO E SILVA

Segundo a conhecida teoria sobre o "fetichismo da mercadoria", de Karl Marx, uma das estranhas forças do capitalismo é sua capacidade de apagar as relações sociais que fazem parte da produção de uma mercadoria. Na teoria de Marx, esse estranho "feitiço" acontece na transformação do valor de uso de um produto – o real trabalho empregado na transformação de uma tábua em uma mesa, por exemplo – em um "valor de troca", isto é, na conversão do trabalho e suas relações sociais em uma *mercadoria*, a ser trocada por um valor que não corresponde ao trabalho original. O "fetiche" da mercadoria, para Marx, deriva do fato de as pessoas imaginarem que o valor emana da mercadoria mesma – ao mesmo tempo, como que num passe de "mágica" (um feitiço!), apagam-se todas relações sociais que fizeram parte da produção, por exemplo, da tábua em mesa.

Trago o breve resumo da teoria de Marx (que está longe de ser esgotada no que eu disse acima) para pensar sobre a produção do livro que você tem em mãos. Danielle Ferreira de Oliveira realiza um importante e bem-sucedido esforço em tornar este livro, *A queda de Dilma Rousseff: Jornal Nacional e o golpe de 2016*, em uma reflexão que enfatiza as diversas relações sociais, interlocuções e trajetórias que orientaram sua escrita. Ela também escolhe uma teoria – a comunicabilidade, conceito desenvolvido pelo linguista e antropólogo Charles Briggs – que, por assim dizer, demanda que ela explicite as trajetórias que tornaram algo (por exemplo, um conjunto de falha em um arranjo entre poderes da república) em um texto (uma série de reportagens favoráveis à deposição da líder do executivo).

Por essa atenção às trajetórias na produção dos textos (as "mercadorias" com que lidamos em esferas como o jornalismo e a academia), bem como à reflexividade das relações sociais embutidas nessa produção, Danielle

Oliveira nos apresenta uma interessante reflexão sobre o processo que levou à destituição da primeira mulher a presidir o país, Dilma Rousseff. Enquanto escrevo este prefácio, mais de meia década depois da deposição de Dilma, é relativamente evidente (pelo menos para pessoas que se alinham ao campo progressista) que o processo aberto contra Dilma foi um golpe – jurídico, parlamentar e midiático –, que abriria caminho para a adoção de uma agenda de livre mercado e diminuição de direitos sociais. O golpe instaurado contra Dilma foi um dos grandes responsáveis pelo colapso democrático e institucional que temos experimentado, sobretudo porque quem assumiu o poder da agenda neoliberal foi Jair Bolsonaro, o homem que disse o indizível ao elogiar o torturador de Dilma na ditadura por ocasião de seu voto favorável ao impeachment em 2016.

A autora nos explica neste livro – que resulta de uma longa trajetória de estudos sobre golpes na América Latina e do movimento da autora entre diversas instituições e redes de interlocução no Rio de Janeiro e além – que, embora simples, a designação "golpe" implica uma história particular. Ela demonstra, com riqueza de detalhes, o alinhamento favorável do Jornal Nacional à construção que Sérgio Moro e os procuradores da Operação Lava Jato faziam do Partido dos Trabalhadores como o grande mal a ser combatido no país. Para tanto, ela mobiliza elementos teóricos de diversas áreas para analisar imagem e texto de um conjunto de reportagens nesse período de grande instabilidade política. Além dessa atenção ao detalhe – por exemplo, o plano escolhido para filmar Bonner, o gesto que ele fazia com a mão, o olhar que acompanhava um determinado enunciado –, Danielle Oliveira também discute a "comunicabilidade" construída pelo Jornal Nacional. Um dos grandes fatores legitimando a percepção do "golpe" como "impeachment", a comunicabilidade foi o processo de construção da notícia como algo "natural", como uma representação transparente do mundo.

Charles Briggs faz um trocadilho com a noção de "comunicável" para pensar o processo de eficácia e disseminação dos textos. Ele "brinca", como diz a autora, com a noção metafísica de "comunicação" como transmissão de informação (algo que se daria de modo transparente, desde que feito em condições adequadas e pelos agentes corretos), associando-a à noção médica de "comunicável" (que se refere a doenças que se "comunicam", isto é, que são transmissíveis de uma pessoa a outra). Ou seja, Briggs acopla uma visão ou ideologia de linguagem (comunicação como algo transparente) com uma descrição médica sobre infecciosidade. Dadas as condições nervosas entre meados do primeiro mandato de Dilma e a votação do impeachment nas casas parlamentares (por exemplo, megaprotestos de junho de 2013, Operação Lava Jato, conflitos na articulação do PT com Eduardo Cunha), as notícias sobre a iminente deposição de Dilma rapidamente "viralizavam". Mas viralizar, como sugerem Briggs e Danielle, significava também construir um campo de adesão e interpretação, um conjunto de trajetórias e uma série de formas de ser tocado ou afetado pela notícia.

No intervalo que nos separa das cenas nervosas do impeachment, muita coisa se passou. Vivemos períodos difíceis, com uma pandemia que levou muitas pessoas, inclusive de nossas redes familiares, e sobretudo com um governo populista de extrema direita, que tensionou a própria comunicabilidade do jornalismo hegemônico. Nesse intervalo também tivemos acesso à construção jornalística alternativa que investigou vazamentos de conversas no aplicativo Telegram de membros da operação Lava Jato – vazamentos batizados de "Vaza Jato" e coordenados por um jornalista, Glenn Greenwald, com ampla experiência em lidar com furos dessa proporção. Um dos dados apresentados pela Vaza Jato se refere justamente à comunicabilidade projetada por Sérgio Moro e outros agentes da operação: eles construíram um circuito fechado com jornalistas, no qual a notícia já chegava "pronta", com um script de leitura acoplado. Como Greenwald e outros jornalistas discutiram, em tempos de baixo investimento no jornalismo profissional e investigativo, o conteúdo e o script oferecidos pelos membros da Lava Jato significavam lucro quase imediato para as mercadorias já talhadas pelo juiz e procuradores de Curitiba – uma parte com amplo interesse na criminalização da política. O trabalho dos jornalistas era apenas "divulgar", normalmente sem realizar a devida investigação e verificação dos dados.

O script de leitura a que me referi acima se refere justamente às projeções comunicáveis de adesão e afeto que fazem parte das ricas análises no livro que você tem em mãos. Acredito que o trabalho de Danielle Oliveira se soma ao que aprendemos com a Vaza Jato. Este livro oferece evidência empírica para a construção da comunicabilidade da deposição de Dilma Rousseff como um "fato" incontestável, técnico, transparente – uma "mercadoria" que o Jornal Nacional e outras tantas empresas venderam, enfeitiçando muitas pessoas pelo caminho. Como tenho dito desde o início, ler este livro é um convite a entender diversas trajetórias, tramas, interesses e relações sociais que simplesmente se apagaram na suposta representação transparente do impeachment de Dilma.

APRESENTAÇÃO

SOBRE CARTOGRAFIAS COMUNICÁVEIS DA "PRAGMÁTICA DA TRANSPARÊNCIA" NA COMUNICAÇÃO POLÍTICA BRASILEIRA CONTEMPORÂNEA

DR. DANILLO DA CONCEIÇÃO PEREIRA SILVA
Professor de Pragmática e Análise do Discurso
do Instituto Federal de Alagoas (IFAL)

Embora a relação entre práticas de linguagem e práticas políticas seja um tema previamente perseguido nos estudos da linguagem, os eventos que marcaram a última década se encarregaram de apontar para a atualidade e para a urgência dessa imbricação, que é tanto epistêmica quanto ética e política. Os ataques recentes às democracias liberais, capitaneados por movimentos populistas autoritários, emergentes de diferentes espectros da extrema-direita, deram mostras do papel central dessa agenda de pesquisa. Em outras palavras, é cada vez mais notória a centralidade de diferentes repertórios semióticos – seja do modo como são reflexivamente mobilizados ou de seus possíveis efeitos – na produção de paisagens políticas antidemocráticas em diferentes partes do mundo.

No Brasil, um ponto decisivo para a escalada antidemocrática na política institucional, que teve sua culminância na eleição de um líder carismático da extrema-direita à presidência, em 2018, corresponde justamente aos eventos políticos transcorridos entre 2015 e 2016. Refiro-me, em especial, àqueles que compuseram a cadeia de eventos midiáticos, políticos e jurídicos que levou à destituição da primeira mulher eleita presidenta no país, Dilma Rousseff, do Partido dos Trabalhadores, ocorrida em 31 de agosto de 2016.

Perseguindo analiticamente o modo como as redes de mídia hegemônica comunicaram os eventos relativos a esse episódio da política nacional, "A queda de Dilma Rousseff – Jornal Nacional e o Golpe de 2016", que agora você tem em mãos, oferece uma crítica semiótica do papel das formas de linguagem e de seus efeitos na construção de sentidos na vida pública, cada vez mais intensivamente midiatizada. Assim, a jovem e perspicaz linguista aplicada Danielle Oliveira volta-se para uma cadeia complexa de constituição e circulação de textos, a qual engloba artefatos semióticos típicos das sociedades pós-digitais, ou seja, aqueles que são fruto do amalgamamento de diferentes signos. Esses, por sua vez, são encarados enquanto "objeto de conflito ideológico, como se verificou, por exemplo, com a polarização de posições que nomeavam o que estava acontecendo como impeachment ou golpe" (p. 16).

Sem se furtar a essa referida complexidade, tanto ideológica quanto semiótica, a autora nos apresenta uma proposta consistente de análise multimodal dos textos midiáticos sobre os quais se debruça. Em face dessa atitude, ela recusa a política de mutilação que boa parte das análises discursivas da política contemporânea implementa. Isso por ignorarem a dimensão radicalmente híbrida dos textos políticos como parte constitutiva dos desafios das análises do discurso em esferas públicas cada vez mais digitalizadas, radicadas em sistemas de internet e de produção massiva de mensagens políticas que esmaecem fronteiras técnicas, semióticas e subjetivas supostamente cristalizadas. São exemplos delas aquelas que garantem a separação entre o "online" e o "off-line", entre o que seriam "mídias de massa" e "novas mídias", e, no limite, entre o "humano" e o "não humano". Certamente, esse é um dos muitos pontos que conferem consistência e relevância ao livro que você tem em mãos, diante de um mercado editorial no qual pululam análise políticas *on demand*.

Atenta ao caráter multifacetado da comunicação televisiva na ecologia transmidiática atual, e das diferentes modalidades de signos das quais ela se vale, Oliveira nos ensina a ler os muitos mapas sobre a vida social – especialmente sobre política e gênero – projetados pelos textos do Sistema Globo de Comunicação em relação à deposição de Dilma Rousseff e outros eventos políticos a ela relacionados. E, mais além, ela destaca o caráter dialógico e responsivo das práticas de comunicação política, explorando ainda cartografias comunicáveis alternativas sobre os "mesmos eventos", ou seja, sublinhando a dimensão ideológica projetada *vis-à-vis* entre produções semióticas concorrentes. Em outras palavras, a autora nos conta da feitura de signos e dos modos como eles circulam a partir da atuação do conglomerado transmídia de maior impacto na comunicação da política brasileira contemporânea e com uma expressiva relação com a chamada "tradição golpista" da democracia brasileira. Isso, de fato, sem eclipsar as disputas de sentido inerentes aos processos políticos.

Por essas vias, a autora narra cuidadosamente – e realiza desenvolvimentos significativos em seu escopo – a proposta analítica sobre a constituição de "cartografias comunicáveis", conforme apresentada pelo antropólogo linguista Charles Briggs (2007). Ou seja, Oliveira centra seu foco analítico no modo como determinados mapas de produção e circulação de textos interpelam audiências projetadas e oferecem certos enquadramentos ideológicos que, na prática, constroem tudo aquilo que parece meramente reportar (fatos, modos de agência, atores e grupos políticos), tal como reza o caduco mito da imparcialidade e da isenção jornalísticas. Investigando os rastros semióticos desse mito, que atua como um poderoso elemento de naturalização e de apagamento das posições ideológicas de quem comunica, esquadrinha o que ela chama de "pragmática da transparência".

Tal categoria heurística, central para sua argumentação ao longo de todo o livro, tanto denuncia as relações de solidariedade entre semioses de meios de comunicação pretensamente "neutros" e aquelas de instâncias jurídicas normativamente "imparciais", quanto acaba por desmistificar o papel da intensiva "espetacularização do judiciário" nas lógicas de desdemocratização da política brasileira. Isso acontece, vale destacar, sem recorrer a fórmulas relativas à suposta intencionalidade individual de quem comunica ou à manipulação estratégica de audiências, tomadas como aglomerados amorfos de sujeitos pré-discursivos, destituídos de agência e reflexividade políticas, e, por isso, completamente suscetíveis à orientação ideológica das mídias.

Por essas razões, a proposta analítica construída ao logo das páginas que seguem se afasta de truísmos clássicos de uma certa tradição da análise do discurso político, pautada em ideologias liberais, racionalistas, imobilistas, essencialistas e pré-digitais sobre comunicação, sociedade e política, já superadas no campo das análises de discurso praticadas pela Antropologia Linguística e pela Linguística Aplicada. Assim, este livro, o qual tenho a honra de apresentar-lhe, se consagra desde seu lançamento como um registro exemplar do modo como a análise da comunicação política tem sido praticada contemporaneamente nos campos do conhecimento que investigam os múltiplos atravessamentos entre linguagem e vida social.

Além disso, trata-se de uma das primeiras pesquisas filiadas à agenda ética e epistêmica de pesquisa em Linguística Aplicada indisciplinar, como projeto crítico instaurado pela publicação coletiva homônima, organizada por Luiz Paulo da Moita Lopes, em 2004, ao se debruçar sobre fenômenos da política institucional. Ademais, a obra consegue imprimir um registro de linguagem, a um só tempo, fluido e consistente, oximoro estratégico que amplia seu público leitor projetado para além de especialistas e iniciados. Por essas e muitas outras razões que a limitação de uma apresentação me impede de explanar, a leitura desta obra é de grande valia para qualquer pessoa interessada em compreender as relações entre práticas de comunicação contemporânea, processos políticos e sistemas semióticos, à revelia das ficções disciplinares da modernidade ocidental.

INTRODUÇÃO

A discussão linguística a que se propõe este livro parte de uma investigação de mídia televisiva no contexto da destituição do governo Dilma Rousseff, em 2016. Mas, antes de avançarmos, é preciso problematizar uma questão inevitável quando se trata de estudo de mídia: por que a mídia televisiva? Em tempos de redes sociais e "novas mídias", o questionamento sobre a relevância da investigação da comunicabilidade televisiva não é incomum e suscita a problematização que dá início a essa conversa. Na sequência, recupero brevemente o evento político analisado e, por fim, apresento os objetivos, a geração do corpus e os procedimentos e instrumentos de análise.

Fundamental para esse início de conversa é o entendimento das zonas onde a vida online e offline se fundem de tal modo que não é mais possível separar nossas práticas sociais desse nexo online-offline que inaugura "novas práticas de interação social, troca de conhecimento, aprendizado, formação de comunidade e trabalho identitário". (BLOMMAERT, 2020, p. 391). Nesse sentido, conforme nos explica o linguista Jan Blommaert, as sociedades que, assim como a nossa, viveram a chamada "revolução digital" (CRAMER, 2014) entraram na era das sociedades pós-digitais, estreando um tempo de inovação tecnológica, criações de mídia DIY[1] e sistemas de mídia híbridos. É assim, como um sistema híbrido de mídia, que a TV é entendida aqui.

A TV – que já não se enquadra como mídia tradicional, posto que se tornou digital, e, mantendo transmissões via satélite, também não se encaixa como nova mídia – atua como uma mídia que não é tradicional

[1] Do it Yourself.

nem nova, é transmídia[2]. Nesse grande ecossistema de mídia de massa contemporâneo, dicotomias como online-offline e físico-digital, que antes pareciam ter contornos claros, hoje se materializam em nossas práticas cotidianas de formas inseparáveis. A própria noção de televisão, nesse sentido, é desterritorializada à medida que os modos de produção televisivos passam a circular em plataformas e telas diversas, numa dinâmica midiática na qual os conteúdos da web e da TV se conectam em processos de entextualização, ou seja, movimentos de descontextualização e recontextualização que vão desde comentários, postagens e repostagens aos mais variados tipos de interação online-offline.

Dessa forma, a discussão linguística, midiática e política que proponho neste livro parte da compreensão de que os sistemas tecnológicos e comunicativos estão imbricados em um processo de constante evolução e reordenamento da lógica social existente. Entendo, assim, que os avanços tecnológicos não só afetam os modelos de comunicação como modelam a própria sociedade, extrapolando relações de tempo e espaço. Em tempos de velocidade e volume de informações sem precedentes, as configurações sociais que, desde o início do século XXI, vêm dando o tom da nova ordem global em "sociedades pós-digitais" (BLOMMAERT, 2020) expõem uma dinâmica social que, a um só tempo, põe em crise os sistemas comunicativos nativos analógicos e impulsiona novos modos de produção e circulação discursiva, inaugurando, assim, novas estruturas sociais, econômicas, políticas e comunicativas.

Se as mídias são reconfiguradas no nexo online-offline, ao adentrarem espaços onde seus anseios e desejos ganham visibilidade em plataformas diversas, as audiências, seus modos de categorização e captação também são reconfigurados. A partir desse entendimento, construções sociais como a ideia contemporânea de mídia de 'massa' e 'esfera pública' precisam ser reavaliadas. A esse respeito, Jan Blommaert (2020) argumenta que, no século XXI, a chamada mídia de 'massa' [como as novas mídias] "também

---

2 Em caminho análogo à ideia de Jenkins (2008, p. 135), ao entender a TV como transmídia, aposto na capacidade que ela possui de se desdobrar "através de múltiplas plataformas de mídia, cada qual com um novo texto, fazendo uma colaboração distinta e valiosa para o todo".

opera na lógica dos algorítimos[3] de micromarketing e em estreita sinergia com plataformas online e redes sociais". Grosso modo, é seguro afirmar que os novos modos de interação online-offline e os processos de algoritimização da vida pós-digital, não só alteram o que entendemos como mídia de massa como desmontam a imaginação de uma esfera pública unificada e homogênea, escancarando o caráter fragmentado de audiências altamente específicas alvejadas pelo que "tem se tornado conhecido como 'micromarketing' ou 'marketing de nicho'" (BLOMMAERT, 2020, p. 393). A compreensão desse sistema de nichos no mercado midiático e seus impactos nas audiências é essencial ao entendimento do consumo midiático em sociedades pós-digitais.

No contexto midiático brasileiro, a composição desses nichos é profundamente influenciada pela desigualdade social. Dados do IBGE mostram que, em 2019, 39 milhões de brasileiros com 10 anos ou mais não tinham acesso às redes, 34 milhões não possuíam aparelho celular e 12, 640 milhões de brasileiros não tinham acesso à internet em seus domicílios. Por outro lado, 96,3% dos domicílios brasileiros possuíam, ao menos, um aparelho de TV. Tal realidade somada a inúmeros outros fatores, como gênero, faixa etária e tipos de conteúdo, impactam diretamente o consumo midiático nacional. A este respeito, de acordo com pesquisa Alfa inteligência[4], quando se trata de conteúdo político os telejornais ainda são a preferência nacional. O que expõe a relevância dos telejornais no jogo político nacional. Assim, observar como notícias produzidas por telejornais circulam e ganham status na arena semiótica comunicável nacional se faz necessário nesse cenário

---

[3] De acordo com Tufekci (2015), os algoritmos são processos computacionais produzidos para tomada de decisões automáticas nas redes a partir de dados dos usuários. Como destaca o autor, elas "não são transparentes nem óbvias para o observador humano casual" (p. 206), visto sua complexidade. Além disso, é importante ressaltar que os algoritmos não são neutros, pois são construídos a partir de orientações ideológicas.

[4] Em pesquisa realizada em 2022 pela Alfa Inteligência, no quesito informação política a TV aparecia como preferência de 31% dos entrevistados. Os sites de notícias foram mencionados por 30% e as redes sociais apareciam em terceiro lugar com 19% da preferência. Revistas e jornais impressos ocupavam a quarta posição, com 8%, e o rádio aparecia em quinto lugar, com 3%. Disponível em: https://valorinveste.globo.com/mercados/brasil-e-politica/noticia/2022/06/07/2-em-cada-10-brasileiros-se-informam/-sobre-politica-nas-redes-sociais.ghtml. Acesso em: 16/08/2022.

em que a TV atravessa diferentes nichos, canais e possibilidades de acesso, alcançando tanto audiências imersas na mediação digital da vida quanto aquelas cujos recursos digitais são inacessíveis.

Diante do exposto, tendo em tela a centralidade midiática do Grupo Globo, que detém o monopólio televisivo nacional – o Jornal Nacional, como telejornal mais assistido do país, é a central fonte de informação nacional, conforme dados da Pesquisa Brasileira de Mídia realizada em 2016[5] –, a discussão midiática e política de que trata este livro é centrada na investigação de notícias veiculadas pelo Jornal Nacional no contexto da queda de Dilma Rousseff da presidência do Brasil em 2016, evento político que recupero a seguir.

PEDALADAS DISCURSIVAS: "FOI GOLPE SIM, COM O SUPREMO, COM TUDO"

Desde que o ex-presidente da Câmara dos Deputados Eduardo Cunha (MDB), preso em 2016, aceitou o pedido de impeachment contra a então presidenta Dilma Rousseff, afirmando que rejeitaria a requisição "se [ela] estivesse em descumprimento da lei"[6], o Grupo Globo se empenhou em conferir status de legalidade à destituição de Dilma Rousseff, sem, contudo, apresentar condutas caracterizadoras de ilícitos previstos na Constituição como crime de responsabilidade. Essa falta de comprovação de crime de responsabilidade dolosamente cometido pela ex-presidenta marca esse evento político da história nacional recente e comparece, inclusive, em manifestações da própria oposição.

Eduardo Cunha, por exemplo, em seu livro lançado em 2021 – "Tchau, querida: o diário do impeachment" –, relata que caso o PT tivesse feito uma aliança com ele, esse cenário teria sido evitado. Sendo Eduardo Cunha o político que tinha, na época, a autoridade necessária à instauração de um processo contra o governo Dilma, a sua afirmação sobre a necessidade de

---

[5] De acordo com a Pesquisa Brasileira de Mídia, em 2016 o Grupo Globo era responsável por 73% da audiência televisiva do país.

[6] Fala de Eduardo Cunha em entrevista exibida pelo Jornal Nacional em 02/12/2015, quando o pedido de impeachment foi aceito.

uma "aliança com ele" para tornar o chamado impeachment evitável dá indícios de que o processo movido contra Dilma tinha motivações políticas e pessoais para além da preocupação com a saúde fiscal do governo. Michel Temer foi outro emedebista a reforçar esse argumento quando, em 2022, afirmou que a ex-presidenta "notavelmente honesta" (palavras de Temer) foi destituída devido a sua má relação com o Congresso.

As acusações de "dificuldade de diálogo com o Congresso" como justificativa para a destituição de uma presidenta democraticamente eleita podem ser rebatidas sem grandes esforços com argumentações políticas, jurídicas e, até mesmo, morais. Mas, aqui, a título de recordação e posicionamento ideológico, escolho remontar a um trecho da carta aberta[7] que Dilma Rousseff publicou em resposta à fala de Michel Temer:

> Lembro ainda que a "dificuldade de diálogo com o Congresso" não é razão legal e constitucional para impeachment em um regime presidencialista, como ele bem sabe. Tal "dificuldade" era uma integral rejeição às práticas do presidente da Câmara, deputado Eduardo Cunha, criador do Centrão, que queria implantar com o meu beneplácito o "orçamento secreto", realizado, hoje, sob os auspícios de um dos seus mais próximos auxiliares na Câmara Federal.

Apesar de juridicamente contestável, "uma vez que as chamadas pedaladas fiscais[8] não passam de manobras fiscais que, por mais que sejam uma anomalia, não estão previstas na Constituição como passíveis de crime

---

7 A carta aberta em resposta ao ex-presidente Michel Temer foi divulgada pela ex presidenta Dilma Rousseff em 22/07/2022 e encontra-se disponível em: https://dilma.com.br/resposta-michel-temer/ . Acesso em 21/10/2022.

8 De acordo com o site do Senado Federal, "pedalada fiscal" foi o apelido dado a um tipo de manobra contábil feita pelo Poder Executivo para cumprir as metas fiscais, fazendo parecer que haveria equilíbrio entre gastos e despesas nas contas públicas. A página acrescenta que, "no caso do governo Dilma Rousseff, o Tribunal de Contas da União entendeu que o Tesouro Nacional teria atrasado, voluntariamente, o repasse de recursos para a Caixa Econômica Federal, o Banco do Brasil, o Banco Nacional de Desenvolvimento Econômico e Social (BNDES) e o Fundo de Garantia por Tempo de Serviço (FGTS) para o pagamento de programas sociais como Bolsa Família e o Minha Casa Minha Vida, benefícios sociais como o abono salarial e o seguro-desemprego, e subsídios agrícolas". Disponível em: https://www12.senado.leg.br/noticias/entenda-o-assunto/pedalada-fiscal. Acesso em: 23/05/2018.

de responsabilidade" (SOUZA, 2016, p. 35), a destituição que encerrou a sequência de quatro mandatos democraticamente conquistados pelo Partido dos Trabalhadores (PT), interrompendo o governo da presidenta reeleita em 2014, foi amplamente noticiada pelas centrais mídias nacionais, em especial pelo Grupo Globo[9], como um avanço nacional no movimento popular de combate à corrupção em direção à restauração da política brasileira. Nas palavras do então diretor de redação do jornal O Globo, Ascânio Seleme, tratava-se de "um momento histórico" que mobilizou o país. Foi assim que, em 12/05/2016, quando o Senado decidiu pelo afastamento da então presidenta Dilma Rousseff, o jornal O Globo publicou em sua página na internet um "aviso aos leitores" informando que a edição do dia sairia um pouco mais tarde, para que o jornal fizesse uma publicação que "desse conta" do "momento histórico" que vivíamos a partir de um conteúdo que pudesse "ser guardado como um livro de História" (O GLOBO, 2018).

Conforme aponta Silverstein (apud BLOMMAERT, 2006, p. 512), "uma das funções essenciais da linguagem é o enquadramento: fornecendo pistas contextuais sobre quem fala, de que modo, sob qual tópico e sob quais circunstâncias". Nesse sentido, o movimento discursivo que enquadra a admissibilidade do noticiado "processo de impeachment" como um "momento histórico" expõe o caráter avaliativo do discurso que é sempre produzido de forma relacional, socialmente posicionado, investido em interesses e sujeito a contestação e domínio (BLOMMAERT, 2006, p. 511). Dessa forma, os discursos e textos sempre estarão imbricados nos posicionamentos ideológicos de quem os produz e de quem por eles é interpelado.

---

[9] Em sua página na internet, o Grupo Globo se apresenta como um conjunto de empresas que tem como missão informar, entreter e contribuir para a educação do país através de conteúdos de qualidade. A TV Globo tem sua programação distribuída em quase todo o território nacional, por meio de cinco emissoras próprias, em parceria com empresas afiliadas, e em mais de 100 países, por meio da Globo Internacional. O grupo atua nos segmentos de jornais e revistas, impressos e digitais. A Editora Globo possui em seu portfólio os jornais diários O Globo, fundado em 1925, Extra e Expresso, além de participação no jornal Valor Econômico. O grupo também reúne 16 revistas, além de editar livros clássicos e contemporâneos. A Som Livre atua na área musical, produzindo e comercializando conteúdo de artistas brasileiros através de vendas físicas (CDs, DVDs e outros), digitais e eventos. No meio rádio, a atuação se dá através do Sistema Globo de Rádio, com emissoras próprias e afiliadas, nos segmentos de notícias (CBN) e talk (Rádio Globo). O ZAP é um portal de classificados online de atuação nacional. Disponível em: http://grupoglobo.globo.com/. Acesso em: 11/04/2018.

No contexto dos conflitos do Oriente Médio, exemplificam esse caráter circunstancial e avaliativo da linguagem os indivíduos chamados de "homens-bomba" pela imprensa ocidental, em franco contraste com aquilo que parcela da imprensa árabe denomina "mártires" e "soldados da guerra-santa". Rajagopalan (2003) explica que tais escolhas referenciais indiciam avaliações permeadas por conceitos construídos a partir das perspectivas de cada grupo. Sendo estas, por sua vez, inevitavelmente influenciadas por fatores como contexto, cultura e visão de mundo. Em outras palavras, se o funcionamento discursivo dos meios de comunicação se dá a partir de uma (re)construção de eventos testemunhados e se os aspectos sociais e culturais são inseparáveis da linguagem, não há como pressupor, por exemplo, uma imprensa neutra, pois todo discurso é ideológico.

Nesses termos, há que se reconhecer que a opção majoritária da mídia nacional pela designação "impeachment", em oposição à preferência internacional pelo termo "golpe", para noticiar a deposição de Dilma Rousseff compreende um julgamento de valores através do qual a imprensa emite opinião a partir de rótulos que comportam uma posição avaliativa subjacente. Os significados, assim, concorrem no jogo discursivo, englobando disputas locais que, na/pela linguagem, envolvem questões mais amplas no que diz respeito à forma como entendemos os eventos políticos, como eles circulam e como são significados.

O trabalho ideológico (GAL; IRVINE, 2019) da mídia corporativa brasileira, ao optar por "impeachment", aponta para a produção da legitimidade do processo sofrido pela ex-presidenta Dilma. Susan Gal (1998) argumenta que ideologias aparentemente relacionadas de maneira exclusiva à língua, quando observadas com cuidado, evidenciam orientações ideológicas de ordens diversas (políticas, religiosas, científicas, subjetivas etc.) e "ganham credibilidade quando criam laços com argumentos estéticos, morais, científicos ou políticos culturalmente salientes. E, inversamente, as ideias sobre a linguagem, frequentemente, contribuem para a legitimação dos arranjos políticos" (p. 324). Entender como essas ideologias circulam e ganham status de autoridade nos contextos contemporâneos é também um meio de compreender as dinâmicas políticas nacionais, internacionais e os seus efeitos materiais em nossa vida cotidiana.

Dessa forma, examinar esse funcionamento linguístico na comunicabilidade do discurso político brasileiro é o objetivo mais amplo deste livro, que tem como objeto de investigação notícias veiculadas pelo Jornal Nacional no contexto da queda do governo de Dilma Rousseff. Mais especificamente, o que busco delinear são as projeções sobre a produção, a circulação e a recepção do discurso, isto é, aquilo que Charles Briggs (2007) cunhou de cartografias comunicáveis. Esses mapas tiveram um papel importante no âmbito da destituição de Dilma Rousseff em 2016 e foram objeto de conflito ideológico, como se verificou, por exemplo, com a polarização de posições que nomeavam o que estava acontecendo como impeachment ou golpe. Assim, parto da análise de discursos midiáticos para descrever mapas comunicáveis que nos interpelaram, atuando como um modo de dominação simbólica que pode modelar e limitar as possibilidades de resposta aos discursos comunicados.

Para tanto, este estudo se ampara na noção de discurso proposta por Blommaert (2005, 2006) e Silverstein (1998), compreendendo a linguagem como "resultado de uma construção ideológica (...) [que] envolve poder, autoridade e controle" (BLOMMAERT, 2006, p. 512). Parto do entendimento de que "todos os fenômenos culturais e linguísticos são eventos essencialmente relacionados e, portanto, mesmo quando parecem manifestações de 'intuições' pessoais são, por assim dizer, ideológicos de 'qualquer forma'" (SILVERSTEIN, 1998, p. 126). Com base em uma tradição linguístico-antropológica, Silverstein (1979) assevera que as ideologias linguísticas correspondem "aos níveis mais profundos da cultura e da sociedade, às pressuposições não ditas que, como algum tipo de 'cimento social', transformam grupos de pessoas em comunidades, sociedades e culturas" (BLOMMAERT, 2006, p. 510). Tal perspectiva orienta a noção de ideologia deste estudo.

> Qualquer uso da língua é inextrincavelmente associado a uma ideologia sobre o que seja a língua (ou sobre sua(s) função(ões) ou sobre seus modos de funcionamento). Assim, os usos da língua, ou sua pragmática, associam-se a representações ideológicas sobre o funcionamento da língua, ou sua metapragmática (SILVERSTEIN apud SILVA, 2013, p. 9).

A esse respeito, Blommaert (2006) acrescenta que linguagem e uso linguísticos podem ser vistos como "reflexos mútuos, pois cada ato comunicativo (pragmático) articula uma metapragmática (como refletimos sobre nossas ações e as dos outros, isto é, a nossa pragmática) em que características linguístico-ideológicas operam" (p. 511). A linguagem, portanto, não é neutra e resulta da construção ideológica, de poder, de autoridade e de controle. Olhando para a questão da linguagem e sua circulação, que, por sua vez, está no cerne desta pesquisa, Blommaert (2006) nos lembra de que a transmissão de textos "é vista como crucial a qualquer entendimento de cultura – como 'tradição' – e é igualmente crucial como ingrediente das práticas institucionais e burocráticas em cortes, escolas, governos e assim por diante" (p. 513).

Desse modo, em tempos pós-digitais, a ampla circulação de discursos propagados como isentos, universais, legítimos e incontestáveis, diante de um cenário de polarização e crise política, opera como arma poderosa na luta pelo poder. Afinal, "o discurso não é simplesmente aquilo que traduz as lutas ou os sistemas de dominação, mas aquilo por que, pelo que se luta, o poder do qual nos queremos apropriar" (FOUCAULT, 2011, p. 10). Essa potente circulação discursiva relaciona-se ao que Charles Briggs (2007), desde 2005, vem chamando de comunicabilidade: o processo por meio do qual os discursos sinalizam trajetórias de produção, circulação e recepção, bem como formas de interpelação e agência dos públicos projetados. Esse processo se dá tanto na pragmática quanto na metapragmática da língua em uso (SIGNORINI, 2008).

Assim, sabendo que, conforme Briggs (2007, p. 556), a forma como os textos e as ideologias encontram audiências e se localizam política e socialmente se dá num processo poderoso que envolve "modelação e contestação", o presente estudo se ocupa, especificamente, de matérias do Jornal Nacional, visando a analisar e contestar as cartografias comunicáveis desta importante fonte de informação nacional, a partir da investigação das estratégias discursivas adotadas pelo JN ao noticiar o que entendo como Golpe de Estado de 2016.

A proposta analítica orientadora é voltada para o levantamento das implicações discursivo-ideológicas resultantes de tais estratégias com base no conceito de ideologias linguísticas (SILVERSTEIN, 1979; BLOMMAERT,

2006), na noção de comunicabilidade (BRIGGS, 2007), e na Linguística Aplicada Indisciplinar, mais especificamente sob as perspectivas de Fabrício (2006), Lopes (2006), Silva (2014) e Pennycook (2006), no intuito de "promover o encontro de diferenças e outridades e, ao friccioná-las, fazer estremecer construções piramidais e gerar novas perspectivas" (FABRÍCIO, 2006, p. 56).

Neste estudo, a análise da pragmática do JN caminhará lado a lado com a análise das ideologias linguísticas, pioneiramente definidas como "quaisquer conjuntos de crenças sobre a língua (ou linguagem) articuladas pelos usuários como uma racionalização ou justificação de estruturas e uso da língua percebidas" (SILVERSTEIN, 1979, p. 193). Dessa forma, no intuito de investigar tais interconexões, parto do pressuposto de que o processo de análise textual é sempre parcial e subjetivo, uma vez que a linguagem é socialmente construída, tendo implicações de ordens diversas.

Por fim, com a análise a ser desenvolvida, espero contribuir para as muitas iniciativas de resistência ao discurso midiático corporativo, de modo a mapear as cartografias comunicáveis do telejornalismo global, pontuando alguns dos seus impactos no jogo democrático nacional. Nesse alinhamento, o estudo aqui proposto dispõe-se ao levantamento de cartografias alternativas que nos permitam "imaginar e trazer à tona novas formas de politização" (PENNYCOOK, 2006, p. 68).

SITUANDO A PESQUISA

Como mencionado na seção "A TV nas sociedades pós-digitais", a presente proposta de estudo, de base discursiva, consiste em investigar a comunicabilidade do telejornal do Grupo Globo, Jornal Nacional (JN), no processo de construção e execução do processo político e midiático que culminou na destituição de Dilma Rousseff da presidência do Brasil em 2016. No decorrer da análise, como exercício analítico e objetivo secundário, almejo imaginar e pontuar outras formas de transmissão possíveis, trazendo à tona cartografias alternativas às notícias analisadas.

Para a condução dessa investigação, que se debruça sobre questões envolvidas no engajamento político-ideológico do discurso midiático no contexto político nacional, assumo um posicionamento ideológico que entende que fazer pesquisa é fazer política (MOITA LOPES, 2009). Dessa forma, para os fins deste estudo, que não se pretende neutro, recorro à pesquisa qualitativa de viés crítico, assumindo, como pesquisadora, uma atitude política clara "voltada para a ação na direção da mudança" (PENNYCOOK, 2006, p. 76).

Caracterizada esta investigação como uma pesquisa qualitativa crítica voltada para o questionamento da ordem dos discursos vigentes e o levantamento de outras possibilidades de observação, assumindo que a neutralidade – ou ostentação desta – de nada serve ao propósito de um fazer politicamente engajado e socialmente responsável, passo à descrição do caminho trilhado até a definição do corpus de análise do presente estudo.

O trajeto percorrido até a geração do corpus deste estudo relaciona-se à minha especialização em Letramento(s) e Práticas Educacionais (CEFET-RJ) e teve início, em 2012, quando, sob a orientação da Profa. Dra. Liana Biar, desenvolvi uma pesquisa sobre o golpe que destituiu Fernando Lugo da presidência do Paraguai. Na época, investiguei o posicionamento ideológico de parte da mídia impressa nacional que adotou a designação "impeachment" para noticiar o julgamento político que levou 24 horas desde a acusação ao deferimento da sentença determinando a destituição de Fernando Lugo da presidência do Paraguai.

Após essa experiência analítica, eu estava iniciando o mestrado quando, em 2015, o então presidente da Câmara dos Deputados, Eduardo Cunha, acolheu a denúncia da oposição contra o governo da então presidenta Dilma Rousseff. Atenta às nominalizações midiáticas e intrigada com a simetria discursiva da mídia corporativa em relação às destituições presidenciais de Fernando Lugo, em 2012, e Dilma Rousseff, em 2016, realizei uma breve pesquisa no buscador do G1[10] e percebi que as palavras "impeachment" e "processo" prevaleciam como termos preferidos para designar a movimentação política contra o governo petista. A palavra "golpe" aparecia em apenas uma ocorrência, entre aspas, atribuída a um entrevistado.

10 Portal de notícias da Globo. Disponível em: http://g1.globo.com/.

As diferenciações entre os termos "impeachment" e "golpe", no contexto da destituição da ex-presidenta Dilma Rousseff, sinalizam paisagens textuais complexas que comparecerão ao longo do texto e serão discutidas mais detalhadamente na seção "Impeachment vs. Golpe". Por ora, importa destacar que, independentemente da complexidade dos acontecimentos, toda versão comporta um outro lado, patente em possibilidades distintas de observação. Sendo assim, a opção do termo "impeachment" para designar o evento político contra Dilma Rousseff, sem que houvesse qualquer questionamento sobre a legitimidade do processo, foi o que me instigou a investigar a participação da mídia no movimento político jurídico e midiático que levou à queda do governo de Dilma Rousseff em 2016. Lembro que o fato de a denúncia ter sido acolhida por Eduardo Cunha, que presidia a Câmara dos Deputados, horas após o mesmo ter perdido o apoio do governo petista na Comissão de Ética da Câmara (que julgava a cassação de seu mandato por quebra de decoro parlamentar), sua questionável conduta política e a notável dificuldade da oposição em comprovar condutas caracterizadoras de ilícitos por parte da presidenta – como espera-se para a admissibilidade de um processo de impeachment – expunham contradições a partir das quais a investigação do investimento ideológico da mídia corporativa no movimento político contra o governo petista me parecia essencial.

A opção pela análise de mídia com ênfase no contexto político, então, já estava estabelecida desde as primeiras inquietações motivadoras deste estudo. No entanto, o fato de se tratar de uma temática polêmica, polarizada, com atenção nacional e internacional, em movimento e, portanto, com um enorme volume de material midiático disponível e em constante produção, a geração de um corpus representativo se mostrou um dos maiores desafios ao empreendimento desta pesquisa.

Desde a reeleição de Dilma Rousseff em 2014, mais especificamente a partir do momento em que o candidato concorrente, Aécio Neves (PSDB), após o resultado favorável à reeleição petista, solicitou a recontagem dos votos, questionando o processo eleitoral, comecei a salvar e fazer notas sobre notícias relacionadas ao governo Dilma. Esse processo se intensificou quando o então presidente da Câmara dos Deputados, Eduardo Cunha, aceitou o pedido de impeachment contra Dilma Rousseff em 02/12/2015. Um mês depois, tive a primeira reunião de orientação no mestrado com o meu orientador, Daniel Silva, que sugeriu que eu organizasse esses dados em um arquivo no Excel. Assim o fiz e percebi o grande volume de notícias televisivas no cenário nacional.

De posse desse material, pensando no engajamento político e social que justifica este estudo e considerando que os mapas comunicáveis alcançam efeitos à medida que as pessoas respondem a textos que as interpelam, embora eu compreendesse a riqueza do material midiático internacional em termos de potencial jornalístico e análise comparativa, escolhi me concentrar num meio de comunicação de grande alcance popular e considerável poder comunicável no âmbito nacional. Desse modo, tendo em tela a centralidade midiática do Grupo Globo – que, com 73% da audiência do país, detinha o monopólio midiático nacional – e o Jornal Nacional como telejornal mais assistido do país e a central fonte de informação nacional à época[11], optei por centrar a investigação em notícias veiculadas pelo JN.

Decidida a fonte midiática, foi a vez de eleger o critério para a seleção do recorte temporal e as notícias a serem analisadas, na intenção de delinear um panorama da abordagem do editorial desde a improvável reeleição de Dilma Rousseff em 2014 – quando acredito ter sido iniciada a ostensiva midiática contra o governo petista, como veremos em análise adiante – à instauração do processo de impeachment da então presidenta e sua deposição em 2016. Ou seja, a escolha de tal recorte temporal tem base na pretensão de reagregar, em certa medida, o modo como a história do impeachment foi contada pelo Jornal Nacional.

A escolha das notícias a serem analisadas obedeceu ao critério de representatividade da notícia frente a momentos significativos do processo de construção e execução do golpe. Conforme Souza (2016), as raízes do golpe de 2016 nasceram de sementes plantadas em junho de 2013 com os

---

[11] Dados divulgados pela Pesquisa Brasileira de Mídia, realizada em 2016. Disponível em: https://www.abap.com.br/wp-content/uploads/2021/06/pesquisa-brasileira-de-midia-2016.pdf. Acesso em: 20/08/2022.

modos de interpelação que, a partir do Movimento Passe Livre[12], operaram uma "virada no jogo", que estava relativamente favorável ao governo até antes das manifestações de 2013, resguardadas as disputas e resistências inerentes ao jogo político. O Movimento Passe Livre e sua articulação com a intensificação da insatisfação contra Dilma serão discutidos propriamente na seção "A eleição mais acirrada da história da democracia brasileira".

Considerando esse contexto de insatisfação com a qualidade das saúde e educação públicas; os gastos do governo; o aumento das passagens; a ineficiência das obras da Copa do Mundo de 2014; e a crescente desaprovação ao governo, fazendo com que a reeleição de Dilma Rousseff fosse algo impensável naquele momento, decidi iniciar as análises com uma notícia representativa do momento em que a presidenta foi reeleita, por acreditar que aí resida o início da ostensiva política e midiática contra o governo petista. A opção por notícias transmitidas entre 2014 e 2016 considerou o potencial simbólico e analítico das mesmas diante dos seguintes momentos do processo de construção e execução do Golpe de Estado de 2016:

TABELA 1 | **SEQUÊNCIA ANALÍTICA**

MOMENTO		NOTÍCIAS	DATA DA TRANSMISSÃO
1	A reeleição de Dilma Rousseff. Resultado inesperado, reeleição, contestação e manifestações.	"Dilma Rousseff vence a eleição mais acirrada da história da democracia brasileira"	27/10/2014
2	O escândalo da Petrobras.	"Delator apresenta documentos do pagamento de propina a políticos"	03/07/2015
3	A instauração do processo de impeachment contra a presidente reeleita.	"Cunha autoriza abertura de processo de impeachment contra Dilma"	02/12/2015

12 Em sua página na internet, o Movimento Passe Livre (MPL) se descreve "um movimento social autônomo, apartidário, horizontal e independente, que luta por um transporte público de verdade, gratuito para o conjunto da população e fora da iniciativa privada". Em 2013, impulsionado pela revogação do aumento das passagens em mais de 100 cidades, ocorreu o 4º Encontro Nacional do MPL. Disponível em: https://www.mpl.org.br/. Acesso em: 02/07/2018.

TABELA 1 | **SEQUÊNCIA ANALÍTICA** (CONT.)

	MOMENTO	NOTÍCIAS	DATA DA TRANSMISSÃO
4	Impeachment vs Golpe: a disputa referencial.	"OAB entrega pedido de impeachment na Câmara depois de muito tumulto"	28/03/2016
5	A espetacularização do Judiciário.	"Juiz Sérgio Moro determina prisão de Vaccari com base nas delações"	15/04/2015
		"Juiz Sérgio Moro, da Lava Jato, é homenageado em Nova York"	26/04/2016
6	Diálogos vazados.	"Justiça torna público um diálogo entre Lula e a presidente Dilma"	16/03/2016
		"Conversa entre Jucá e Machado repercute no Congresso"	23/05/2016
7	A defesa do padrão de qualidade do jornalismo do Grupo Globo.	"Globo responde a militantes do PT, Dilma e Lula"	17/03/2016
8	A votação pelo "impeachment".	"Congresso vota pelo prosseguimento do processo de impeachment"	18/04/2016

Descritos os critérios para a seleção do corpus e pontuadas as notícias a serem analisadas, avanço para os procedimentos e instrumentos que norteiam a análise proposta.

PROCEDIMENTOS E INSTRUMENTOS DE ANÁLISE

O percurso de análise da pesquisa se dá em duas etapas. A primeira consiste na transcrição das notícias selecionadas. Como proponho uma análise multimodal, a transcrição compreende as descrições das dimensões visuais, verbais e sonoras verificadas em cada matéria. Nesse alinhamento, a transcrição divide-se em planos que contemplam, a um só tempo, os recursos cinematográficos operados pelos cortes e ângulos projetados pelas câmeras, a "transcrição literal do material verbal" (ROSE, 2002, p. 350) e a dimensão sonora de cada enquadre. A referência aos planos, adaptada de Aumont et al. (1995) e Nogueira (2010), conta com a seguinte nomenclatura:

TABELA 2 | **ENQUADRAMENTOS CINEMATOGRÁFICOS**

FOCO SELETIVO	Efeito de mostrar alguns dos elementos enquadrados em foco, enquanto outros aparecem desfocados.
OFF	Áudio de falante que não aparece em quadro.
PLANO PICADO	Câmera posicionada diagonalmente de cima para baixo. Pode demonstrar menosprezo ou a altura de um local. O ascendente da câmera em relação à personagem pode insinuar uma subjugação desta. A personagem tende, então, a ver a sua relevância diminuída. Fraqueza, inferioridade, submissão, perda, vulnerabilidade ou mesmo humilhação podem encontrar nesta convenção discursiva uma forma de apresentação.
PLANO CONTRAPICADO	Câmera, posicionada de baixo para cima, é colocada abaixo do nível dos olhos das personagens enquadradas. Ângulo que sugere grandeza física ou moral, superioridade, poder, arrogância, força, nobreza e domínio.
CLOSE	Câmera enquadra o rosto de uma personagem ou um detalhe do cenário e do figurino. Por privilegiar o que é transmitido pela expressão facial, esse plano costuma ser utilizado para demonstrar a reação da personagem.
PLANO FRONTAL	Câmera colocada à altura dos olhos, mostra a pessoa em linha reta, de frente. De algum modo, este tipo de plano permite uma relação de neutralidade valorativa entre o observador e o objeto da observação. É o mais comum dos ângulos de enquadramento: a câmera é colocada sensivelmente ao nível dos olhos da personagem, de frente para ela. Podemos dizer que se trata de um plano afetivamente asséptico, que dispensa qualquer valorização ou desvalorização da personagem, do objeto ou do acontecimento. A sua função é, portanto, mais descritiva do que crítica.
PLANO AMERICANO	Câmera enquadra personagem(ns) da cabeça aos joelhos. Mostra muito movimento da personagem e pouca expressão facial. Pode ser utilizado para demonstrar familiaridade, dramaticidade corporal e ação corporal.

TABELA 2 | **ENQUADRAMENTOS CINEMATOGRÁFICOS** (CONT.)

PLANO MÉDIO	Câmera enquadra personagem(ns) da cabeça à cintura. Combina parcialmente as características fundamentais do grande plano (a focalização deliberada da atenção) e as do plano geral (o distanciamento afetivo). Como resultado, este tipo de plano consegue captar o essencial da linguagem corporal de um ator (emulando, nesse sentido, a função do plano geral) e, simultaneamente, mostrar as nuances fundamentais de suas expressões faciais (aproximando-se, desse modo, da finalidade do grande plano).
PLANO PRÓXIMO *(MEDIUM CLOSE-UP)*	Câmera enquadra personagem do tórax para cima.Assemelha-se ao Plano Médio em termos de narrativa, mas opera sobre um ângulo mais fechado, um *Medium close-up*. Comum no telejornalismo, o plano próximo costuma ser utilizado quando se quer dar ênfase ao que a personagem está falando. Geralmente se enquadra do peito para cima, dando ainda um respiro no topo.
PLANO GERAL	Câmera enquadra ambiente e personagens com ângulo visual aberto. A figura humana acaba por ocupar um espaço reduzido na tela. Apresenta todos os elementos que fazem parte de uma cena de maneira abrangente, não dando destaque a nenhum deles. Plano mais usado em exteriores ou interiores de grandes proporções.
PLANO SUBJETIVO	Enquadramento que assume o ponto de vista de uma das personagens.
PLANO CONJUNTO (PC)	Enquadra a figura humana da cabeça aos pés, fazendo um enquadramento do cenário. Neste caso, a figura humana ocupa um espaço maior na tela, sendo possível reconhecer os rostos das pessoas mais próximas da câmera. Tem valor descritivo. Utilizado principalmente em interiores, a câmera mostra um grupo de personagens interagindo no cenário.
PLANO ABERTO	Câmera mostra personagem, de corpo inteiro, interagindo com o cenário. Muito similar ao Plano Conjunto, mas diferenciando-se pela quantidade de pessoas em cena. Este plano passa a ideia de uma ação global, na qual a personagem está inserida em um cenário e sua ação se integra ao mesmo.
TRAVELLING	Movimento de câmera que percorre uma trajetória sobre trilhos.
PANORÂMICA	Movimento da câmera sobre os ombros ou fixa a um tripé, horizontalmente para a esquerda ou a direita ou verticalmente para cima ou para baixo. Nesse caso não há deslocamento do eixo vertical, que permanece sempre em sua base.

Na dimensão visual, além da observação do enquadramento e dos movimentos da câmera, inserimos algumas imagens capturadas no decorrer da notícia para que seja possível dar conta do "aspecto visual da história" (ROSE, 2002, p. 350). A transcrição da dimensão verbal tem base em marcas usadas por Sacks, Schegloff e Jefferson (1974), incorporando símbolos sugeridos por Marcuschi (1986), Schifrin (1987) e Tannen (1989)[13].

Na segunda etapa, parto para a exploração e para a análise qualitativa dos modos de operação ideológica e das cartografias comunicáveis observáveis nas notícias a serem analisadas. Para tanto, adoto o hibridismo teórico-metodológico defendido por Moita Lopes (2004), compreendendo que nossas práticas sociais estão imbricadas em cenários múltiplos e moventes e que o desenvolvimento de um estudo que se pretende politicamente engajado e socialmente responsável precisa "atravessar os limites dos programas e dos departamentos" (MOITA LOPES, 2004, p. 166).

A noção de comunicabilidade (BRIGGS, 2007) orienta a observação de questões como ratificações; retórica da distorção e imprecisão; provas e evidências definitivas; tecnologias de verdade (números, gráficos); autoridade (citação, fala relatada, testemunhos, fotos, especialistas, números); apagamentos (processo de construção, história indexical, assimetrias, tensões, jogos de poder/falhas, imprecisões); projeções (ponto de origem, modos de circulação, audiência); modos de interpelação (cartografias

---

[13] São elas:

...	pausa não medida
,	entonação de continuidade
-	parada súbita
Sublinhado	ênfase
MAIÚSCULA	fala em voz alta ou muita ênfase
>palavra<	fala mais rápida
<palavra>	fala mais lenta
: ou ::	alongamentos
[	início de sobreposição de falas/legendas
]	final de sobreposição de falas/legendas
"palavra"	fala relatada, reconstrução de um diálogo
hh	aspiração ou riso
↑	subida de entonação
↓	descida de entonação
Pa-la-vra	silabação

comunicáveis); produção de posições sociais; agenciamento e relações sociais que influenciam como indivíduos e coletividades serão interpelados e como ocuparão as posições projetadas.

Sobre as categorias de análise a serem, especificamente, focadas na análise qualitativa, cabem algumas considerações. Conforme destacou Foucault (2009, p. 55), os discursos não só falam dos objetos, mas "constroem os objetos dos quais falam". Desse modo, se entendemos que "o pesquisador tem corpo, raça, desejo, classe social, gênero etc., enfim, tem história: não há mais espaço para uma racionalidade descorporificada" (hooks, 1994 apud MOITA LOPES, 2004, p. 166). Ou seja, há que se reconhecer que os procedimentos metodológicos e analíticos são práticas discursivas que contribuem para que coisas aconteçam e, portanto, operam e interferem diretamente na pesquisa, que, por sua vez, tem sua racionalidade marcada pela história da pesquisadora.

Em consonância com Moita Lopes (2004, p. 166), cumpre salientar que a procura por verdades, que ainda norteia muitas pesquisas nas Ciências Sociais e Humanas na busca por um conhecimento definitivo/objetivo, desconsidera "o fato de o[/a] pesquisador[/a] estar sempre posicionado no mundo e imbricado no conhecimento que produz". Nesse sentido, a compreensão de que o conhecimento depende do/a pesquisador/a e do modo como ele/ela constrói o conhecimento que produz me leva a assumir que as conclusões pontuadas neste estudo serão resultado de uma leitura dentro de tantas outras, igualmente, possíveis. Mais do que demonstrar veracidade ou falsidade das formas simbólicas, o interesse, aqui, é o investimento ideológico dessas formas e de que maneira elas podem nos interpelar. Dadas estas palavras iniciais, a fim de encaminhar a discussão, passo à descrição dos capítulos.

Sendo o estudo fundamentado pela noção de comunicabilidade (BRIGGS, 2007), o capítulo que inicia a discussão proposta dedica-se à revisão do referido pressuposto teórico. Em seguida, tendo em tela a perspectiva discursiva que orienta esta pesquisa, o capítulo 2 dedica-se à contextualização das circunstâncias envolventes nas produções midiáticas a serem observadas, reconhecendo o conhecimento como um construto social, diretamente relacionado ao pesquisador e ao modo como ele produz conhecimento e marcando, portanto, minha postura política frente à pesquisa. O capítulo 3 recupera movimentos políticos e midiáticos que situam o Grupo Globo na história da democracia nacional. Na sequência, respectivamente, desenvolvo as análises propostas e encaminho as considerações finais.

A NOÇÃO DE COMUNICABILIDADE

Briggs (2005) articula a noção de comunicabilidade como a habilidade de comunicação com a capacidade microbial de propagação (conforme a definição médica de "comunicável", isto é, infeccioso), acrescentando a esse entendimento um novo sentido através do qual a comunicabilidade é compreendida como contagiosa. Briggs "brinca" com a noção dicionarizada de comunicabilidade, ampliando o entendimento de comunicável para algo tanto comunicado ou transmitido de forma tida como transparente quanto algo transmitido de forma contagiosa. Ou seja, algo infeccioso que se dissemina com facilidade, como bactérias e vírus. Assim, comunicabilidade tem a ver tanto com as ideologias de produção, circulação e recepção dos textos como fenômenos supostamente transparentes quanto com o caráter viral da circulação dos discursos nas sociedades. Desse modo, a depender da adesão a uma cartografia comunicável, um discurso pode viralizar em diferentes escalas, com diferentes efeitos.

Trata-se, portanto, de uma noção a um só tempo teórica e empírica que dá saliência à camada reflexiva da atividade de uso da linguagem. Nessa camada, argumenta Briggs, ocorre uma constante luta intertextual – um movimento friccional (FABRÍCIO, 2006) contínuo que, no limite, impede que "document[emos] exaustivamente todos os modelos metapragmáticos (i.e., representação do modo de uso), visto que eles mudam de um momento a outro através de interações em múltiplas escalas" (BRIGGS; SILVA, 2016, p. 201). Gal e Irvine (2019) argumentam, por exemplo, que a produção de significados, na circulação de textos, depende de quem os captura. Processos semióticos estão sempre envolvidos em contínuas mudanças, visto que os textos, em suas viagens, encontram outras ideologias que constroem ativamente os contextos dos quais participam. Um exemplo disso é que o mesmo processo contra Dilma Rousseff foi nomeado como golpe no âmbito internacional, algo já apontado aqui, o que indexa para metapragmáticas diferentes sendo produzidas a partir da forma em que os discursos são interpelados.

Em entrevista a Daniel Silva (2016), Briggs argumenta que precisamos focar nos modelos metapragmáticos, ao invés de tentar evitá-los, e nunca tomar como certo que eles sejam transparentes, salientando que a comunicabilidade, para ele, é uma forma de encontrar empiricamente esses modelos pragmáticos (i.e., modo de uso). O foco, então, fica voltado para o delineamento dos mapas comunicáveis que nos interpelam, de modo que a ideia de linguagem em uso está no movimento, na forma como os textos e as ideologias encontram audiências e localizam-nas política e socialmente.

Considerando a comunicabilidade como um fenômeno "poderoso e infeccioso" (BRIGGS, 2007), o presente trabalho se propõe à análise midiática com ênfase no contexto político, investigando a atuação da mídia corporativa nacional no processo de destituição de Dilma Rousseff, bem como o impacto dessa transmissão no cenário político nacional, partindo do pressuposto de que "toda forma linguística refere-se tanto às condições envolventes de sua produção quanto à ordem social maior" (SILVA, 2014, p. 260).

Como mencionado nas "Palavras Iniciais", este trabalho se propõe a investigar a atuação do Jornal Nacional diante do que a mídia corporativa convencionou designar como impeachment de Dilma Rousseff. Isso inclui olhar para os modos de produção, circulação e recepção das narrativas veiculadas pelo editorial em um movimento analítico que se relaciona diretamente à formulação do conceito de comunicabilidade de Charles Briggs (2005). Para além do entendimento de comunicabilidade como um modo de comunicação, compreensão e uma capacidade microbial de disseminação, Briggs (2005) adiciona ao termo o sentido de infecção, em referência ao "modo como textos e as ideologias encontram audiências e localizam-se política e socialmente" (BRIGGS, 2007, p. 556).

Nesse alinhamento, Briggs (2007) propõe quatro elementos constitutivos da noção de comunicabilidade. O primeiro refere-se à construção socialmente situada dos processos comunicativos, "meios em que as pessoas imaginam a produção, circulação e recepção do discurso" (p. 556). Esse ponto, ancorado em Silverstein (2004), sugere que a interação social é dialeticamente estruturada por aspectos pragmáticos e metapragmáticos:

"O valor das cartografias comunicáveis reside na sua reivindicação tanto para mapear o que está ocorrendo em determinados eventos e processos discursivos quanto para **reificar certas dimensões comunicativas de maneiras particulares e apagar outras**" (BRIGGS, 2007, p. 556, grifo meu), criando subjetividades e relações sociais que podem moldar o modo como as pessoas serão interpeladas em relação a esses atos e processos. Ao concluir esse primeiro componente da comunicabilidade, Briggs salienta que embora os discursos públicos especifiquem, implícita ou explicitamente, quais públicos devem recebê-los, não é possível determinar as maneiras pelas quais as pessoas se imaginarão em relação aos textos e como (ou se) os discursos circularão.

O ponto seguinte reside no modo como as formas de comunicabilidade são colocadas dentro do que Bourdieu (1993) chama de campos sociais, arenas de organização social que produzem papéis sociais, posições, agências e relações sociais e que moldam (sem determinar) como indivíduos e coletivos são interpelados e ocupados (BRIGGS, 2007, p. 556). As cartografias comunicáveis – projeções de como os textos representam seus próprios pontos de origem, modos de circulação, públicos-alvo e modos de recepção, contidos nos próprios textos – atuam no sentido de produzir subjetividades, organizá-las hierarquicamente e recrutar pessoas para ocupá-las, operando como um modo de dominação simbólica na criação de posições de sujeitos e na organização de mapas morais que, ao conferirem diferentes graus de acesso, agência e poder, acabam por limitar as possibilidades de resposta. O terceiro componente pontuado volta-se para o movimento inerente à comunicabilidade, partindo do entendimento de que as temporalidades projetadas nesse processo podem ser lineares e diretas ou mais amplas e reversíveis, como a comunicação pela internet. Nas palavras de Briggs (2007, p. 556), "não é que o discurso se mova entre pontos fixos de maneira linear; na verdade, a pragmática do discurso não opera de maneira tão simples". Infere-se, assim, que aceitar as cartografias comunicáveis envolve (1) aceitar práticas particulares de espacialização e temporalização, (2) reconhecer contornos temporais e espaciais específicos e (3) nos definirmos em relação a eles.

Por fim, o autor aponta para o poder inerente às cartografias comunicáveis e para a possibilidade de modelação e contestação destas. De acordo com Briggs (2007), a comunicabilidade é poderosa e infecciosa. No entanto, apesar da sua capacidade microbial de disseminação, a forma como os textos e as ideologias encontram audiências e localizam-se política e socialmente se dá num processo poderoso que envolve modelação (e contestação) aos mapas comunicáveis que nos interpelam.

Desse modo, almejando contestar os mapas comunicáveis que nos interpelam e buscando cartografias alternativas ao discurso hegemônico de impeachment, o presente estudo, vinculado à noção de comunicabilidade (BRIGGS, 2007), parte do pressuposto de que o discurso não pode ser visto como divorciado da política, da economia, da história e das relações sociais mais amplas, mas como continuamente descontextualizado e recontextualizado, uma vez que "o poder reside não apenas em controlar a forma como o discurso se desdobra em seu contexto de produção, mas em ganhar controle sobre sua recontextualização – moldando-se em outros discursos e contextos e quando, onde, como e por quem será posteriormente usado" (BRIGGS, 2007, p. 562).

O GRANDE ACORDO NACIONAL

> MACHADO – É um acordo, botar o Michel, num grande acordo nacional.
> JUCÁ – Com o Supremo, com tudo.
> MACHADO – Com tudo, aí parava tudo.
> JUCÁ – É. Delimitava onde está, pronto.
> JUCÁ – [Em voz baixa] Conversei ontem com alguns ministros do Supremo. Os caras dizem ó, só tem condições de [inaudível] sem ela [Dilma]. Enquanto ela estiver ali, a imprensa, os caras querem tirar ela, essa porra não vai parar nunca. Entendeu? Então... Estou conversando com os generais, comandantes militares. Está tudo tranquilo, os caras dizem que vão garantir. Estão monitorando o MST, não sei o quê, para não perturbar (Trecho da conversa entre Machado e Jucá divulgada pela Folha de S. Paulo em 23/05/2016).

Este capítulo tem como objetivo reconstruir as relações sociais, políticas, econômicas e midiáticas que circundam as notícias que serão analisadas, salientando o interesse de grupos particulares na deposição de Dilma Rousseff, bem como as alianças que se formaram em prol da articulação que teve como corolário a deposição da presidenta em 2016. Tal proposta ancora-se na perspectiva de Moita Lopes (2004), seguindo a linha dos Estudos Mestiços, questionando a neutralidade e entendendo os conhecimentos teóricos como "particulares, situados e contextualizados" (MOITA LOPES, 2004, p. 168).

O hibridismo teórico-metodológico que Moita Lopes (2004) tem chamado de Estudos Linguísticos Mestiços inclui a compreensão de que a área de estudos da linguagem não deve permanecer isolada de outras Ciências Sociais e Humanas, devendo aproximar-se de áreas que focalizam os campos social, político e histórico. Dessa forma, o estudo do mundo social em sua complexidade deve ser focalizado "em diálogo com vários campos do conhecimento com o objetivo de integrar perspectivas diferentes que possam melhor cooperar na compreensão da questão estudada" (MOITA LOPES, 2004, p. 164). Focar a linguagem em uso na contemporaneidade, assim, pressupõe considerar a complexidade e a pluralidade "de um mundo fluido, contingente e fragmentado" (MOITA LOPES, 2002 e 2003).

Nesse alinhamento, conforme pontuado nas "Palavra Iniciais", este estudo não está em busca de verdades ou se pretende neutro. Ao contrário, acredito que uma proposta de contextualização que reconheça a insuficiência da busca por verdades separadas do sujeito-pesquisador deve partir do pressuposto de que a pesquisa "depende do pesquisador[a] e do modo como ele constrói o conhecimento que produz" (p. 166). O que implica dizer que, como pesquisadora, não estou comprometida com uma pesquisa objetiva e definitiva, pois esta "depende do poder e da história" (SEMPRINI, 1999, apud MOITA LOPES, 2004, p. 166). Assim, antes de reconstruir a história da deposição de Dilma Rousseff, importa problematizar o entendimento de democracia que orienta este estudo.

CONTRADIÇÕES DEMOCRÁTICAS

De acordo com a Constituição Federal, o sistema de governo que regimenta a política no Brasil é o presidencialismo. Embora esta seja uma afirmação óbvia, em tempos de contradições democráticas e de leituras constitucionais elásticas, importa reafirmar alguns aspectos que regulam o regime democrático nacional. Conforme Reis (2017), o presidencialismo "se caracteriza pela eleição popular do chefe de governo e pelo fato de o presidente e os parlamentares terem mandatos pré-fixados" (p. 20), de modo que a destituição dos cargos para os quais foram eleitos só é permitida em casos de infração grave à Constituição. Nesses casos, o impeachment aparece como um recurso de "uso extraordinário e de modo algum equivale ao voto de desconfiança do parlamentarismo, em que o governo, escolhido pelo parlamento, pode ser derrubado sem cometer crime, bastando a vontade da maioria parlamentar" (p. 20).

Além da distinção parlamentarismo/presidencialismo, outros dois aspectos, igualmente importantes, corroboram para a construção da noção de democracia projetada aqui. O primeiro reside no fato de que as pedaladas fiscais, conhecidas como a prática do Tesouro Nacional de atrasar de forma proposital o repasse de dinheiro para bancos públicos ou privados, que fundamentaram o processo que destituiu a ex-presidenta, além de não estarem previstas na Constituição como crime de responsabilidade não foram motivo para destituir Fernando Henrique Cardoso, Luiz Inácio Lula da Silva e o próprio Michel Temer, que, assim como os presidentes anteriores, fez uso do mesmo recurso sem ser acusado de crime por isso.

O segundo aspecto a ressaltar está diretamente relacionado ao fato de que, ao contrário da Constituição de 1946, que permitia que o vice fosse eleito por chapa diferente daquela do presidente, a Constituição vigente, promulgada em 1988, pressupõe o alinhamento político e programático dos presidentes e vices que se candidatam numa mesma chapa. Logo, em caso de impedimento provisório ou permanente do presidente espera-se que o vice cumpra o programa apresentado por ambos e eleito pelo povo.

No entanto, ao afastamento de Dilma Rousseff seguiu-se não apenas a retirada da presidenta de seu cargo, mas a implementação de um programa de governo distinto daquele que elegeu a chapa Dilma/Temer. O projeto eleito foi substituído por um programa que não teria respaldo nas urnas. Prova disso foram as eleições de 2014, em que a campanha do adversário de Dilma, Aécio Neves (PSDB), candidato da centro-direita, abordava questões menos impopulares do que as implementadas por Michel Temer e, ainda assim, não foi aprovada pela maioria dos votos.

Não se espera, contudo, advogar que Dilma tenha se mantido fiel às promessas de campanha de 2014. A esse respeito, em entrevista concedida ao Correio da Cidadania, o cientista político André Singer argumenta que após a reeleição, diante de uma situação econômica difícil, Dilma teria adotado a política econômica oposta, originando insatisfação popular (NADER, 2015). No entanto, interessa, nesse ponto, salientar a opção nacional por uma agenda mais populista. Afinal, ainda que a votação de 2014 tenha sido acirrada, o fato é que, de acordo com os padrões eleitorais vigentes, as urnas apontaram a vitória do projeto proposto pelo PT sobre a agenda neoliberal de centro-direita do PSDB de Aécio Neves, evidenciando, assim, uma recusa a medidas impopulares. O que confirma a ilegitimidade da agenda liberal[14] empenhada por Temer desde o primeiro dia de afastamento de Dilma Rousseff.

Singer (2018) define como "surtos de exceção" as medidas implementadas pelo governo Temer, como a aprovação do Projeto de Lei 4567/16, que pôs fim à participação obrigatória da Petrobras no pré-sal; a aprovação da PEC 55, que congelou os gastos federais por 20 anos; e as reformas da previdência e trabalhista levadas adiante, apesar da desaprovação da maior parte dos brasileiros. Nesse caso, em que todo o processo se deu por meio do Congresso, Singer destaca que ele "não tem a legitimação de uma eleição presidencial que é aquilo que, na democracia brasileira, costuma ser, e é fundamental, para que medidas desse teor possam vigorar dentro de um sistema que nós possamos chamar de democrático" (apud MILENA, 2017).

Isto posto, embora não encerrem a questão da ruptura institucional ocorrida em 2016, as questões levantadas me parecem suficientes para construir a ideia de que a democracia brasileira foi golpeada em 2016. Ocorre que, de modo similar ao que aconteceu em Honduras em 2009 e no Paraguai em 2012, o golpe que destituiu Dilma Rousseff não se fez com tanques de guerra, mas com a cumplicidade do Judiciário, articulado com a mídia corporativa e a oposição. Esse tipo de golpe, que tem avançado na América Latina, tende a percorrer caminhos constitucionais na construção

---

[14] Desde o primeiro dia no exercício da presidência – embora o julgamento de Dilma Rousseff estivesse em andamento, havendo, portanto, possibilidade de retorno às funções presidenciais, dada a presunção de inocência assegurada pelo artigo 5, LVII da constituição –, Michel Temer atuou como presidente efetivo, subvertendo políticas públicas com as quais havia se comprometido na campanha, a partir de uma série de medidas contrárias, como a redução no número de ministérios e a extinção de pastas de relevância ímpar para as políticas públicas consagradas pelos eleitores, como Cultura, Ciência e Tecnologia, Desenvolvimento Agrário, Direitos Humanos e Previdência Social; a redução da autonomia da Controladoria-Geral da União com a sua transformação em ministério; a implementação de reformas tributárias e previdenciárias; a venda de participação da União nos Correios e na Casa da Moeda; a flexibilização nas regras sobre privatizações; a redução de direitos trabalhistas; a distribuição de cargos para partidos de oposição ao da presidenta afastada; a alteração de programas sociais; a anulação de atos praticados pela presidenta durante o regular exercício do mandato, no período entre a autorização da Câmara e antes da abertura do processo pelo Senado; a Emenda Constitucional nº 95, de 2016, que alterou a Constituição brasileira de 1988 para instituir o Teto dos Gastos Públicos, limitando o crescimento das despesas do governo durante 20 anos, dentre outras.

de feitos inconstitucionais, e não foi diferente no Brasil. Embora as pedaladas fiscais não estejam previstas na Constituição como crime de responsabilidade, o processo movido contra Dilma sob a acusação de uso de pedaladas seguiu o rito de impeachment ordinário. Nas palavras do senador Hélio José (MDB[15]-DF), a Constituição foi seguida "à risca"[16].

É evidente que o tratamento constitucional atribuído à destituição de Dilma Rousseff atuou na construção de um discurso de legalidade do processo, legitimando o que a mídia hegemônica e a oposição chamaram de impeachment. Em contraste, mas com o mesmo teor atenuante, surgiram designações como "golpe parlamentar", "golpe branco", "golpe frio", "*soft coup*", "golpe paraguaio", entre outros. Por outro lado, captando a noção deste golpe de Estado projetado como impeachment, o cientista político e jornalista Cristian Klein inaugurou o termo "*golpeachment*" (KLEIN, 2016), que nos parece bastante acertado.

Com efeito, como nos lembra Jinkings (2016), "nenhum golpista admite que se denomine sua ação em português claro: Golpe de Estado" (p. 12). Vide o golpe de 1964 e a opção pela designação "revolução". Sendo assim, entendendo que são os discursos de poder que suplantam os conceitos e que o processo de designação engloba implicações ideológicas subjacentes, adoto aqui a designação "golpe" para me referir à ruptura institucional que destituiu Dilma Rousseff, reconhecendo o seu caráter jurídico e midiático. Afinal, como disse Reis a respeito, "precisamos chamar a coisa pelo nome" (REIS, 2018, registro oral).

Em "O Golpe de Estado de 2016 e a ditadura civil vigente", Reis (2018) alerta para os perigos de se referir ao Golpe de Estado de 2016 por eufemismos, advertindo que tal performatividade impede a compreensão da gravidade da situação, "o que por sua vez é obstáculo ao enfrentamento dela e à compreensão de seus desdobramentos" (p. 21). Assim, golpes sem exército, revestidos de institucionalidade, permitem que os limites legais

---

15 Após 37 anos como PMDB, em 19/12/17 integrantes do partido aprovaram sua mudança de nome, retirando o "P" indicativo de partido. Dessa forma, a legenda voltou a ser chamada pelo nome original: MDB – Movimento Democrático Brasileiro.

16 Íntegra da declaração do senador disponível em: https://www12.senado.leg.br/noticias/materias/2016/08/30/helio-jose-declara-voto-pelo-impeachment-mas-diz-que-processo-e-201ctraumatico201d. Acesso em: 28/06/2018.

sejam extrapolados a partir de mecanismos e designações legais. É a partir dessa perspectiva que busco articular as questões sociais, políticas, econômicas e midiáticas que envolvem o processo de construção e a execução do Golpe de Estado de 2016, conforme objetivo deste capítulo, reconhecendo a dificuldade que é apresentar um cenário que dê conta da complexidade inerente a esse período de crise social, política e econômica que reconfigurou o jogo democrático nacional.

Nesse sentido, o primeiro ponto a se considerar tem relação com a emergência de rupturas institucionais no cenário latino-americano e a consequente compreensão de que o Golpe de Estado de 2016 não foi um evento isolado. Na verdade, esse evento político veio na onda de uma série de rupturas e tentativas de rupturas democráticas que começaram a despontar no continente americano no início do século XXI. Excetuando as frustradas tentativas de golpe na Venezuela, em 2002, e no Equador, em 2010, só a América Latina protagonizou dois golpes num intervalo de quatro anos. A saber, Honduras (2009) e Paraguai (2012). A ascensão da direita na Europa e os golpes de Estado praticados na Ucrânia, na Tailândia e no Egito, além da frustrada tentativa de golpe na Turquia, são exemplos significativos dessa tendência no cenário mundial.

De acordo com Reis (2016, p. 24), após o intento frustrado contra a Venezuela de Hugo Cháves, em 2002, e o bem-sucedido golpe militar, supostamente apoiado pelos Estados Unidos, contra Jean-Bertrand Aristide no Haiti, em 2004, "a era dos golpes de Estado de direita [...] voltou a partir da derrubada de Mel Zelaya em 2009, em Honduras", tendo fracassado uma vez mais na tentativa de golpe policial contra Rafael Correa, no Equador, em 2010. Relembrando a atuação da Corte Suprema de Justiça hondurenha quando determinou que o Exército enviasse Zelaya ao exílio, Reis argumenta que essa ofensiva antidemocrática ao governo de Honduras inaugurou a "nova onda" de golpes no continente americano:

> Pode-se dizer que, depois do hondurenho, houve golpes mais discretos, sem Exército, com ar de institucionalidade, referendados pelo judiciário. Tal discrição permitiu que a extrapolação dos limites legais fosse passível de não ser admitida pelos mais relativistas ou parciais. Conforme nota Pereira da Silva (2017, p. 9), golpes de Estado de aparência legal, que se processam por meio

> das instituições vigentes, "mais sutis no uso concentrado da força", dificultam a condenação da comunidade internacional e, desse modo, facilitam o reconhecimento dos governos emergentes por parte dos Estados "estrangeiros que esperaram ou apoiaram essas mudanças de regime" (REIS, 2016, p. 25).

Essa "nova onda" de golpes, indiscutivelmente observada em países com grandes reservas de petróleo, tem em comum, além da participação de instituições judiciárias que extrapolam os limites legais sob a aparência de legalidade, a crucial atuação midiática. Nesse modelo operacional, com ar de neutralidade, a mídia se encarrega de noticiar os golpes como *impeachments*, legitimando as extrapolações institucionais a partir de coberturas intensivas através das quais são apresentadas desde as razões para o chamado impeachment ao vazamento seletivo de informações confidenciais de investigações, bem como a opinião de especialistas e políticos pró-impeachment.

A MIDIATIZAÇÃO DO JUDICIÁRIO

Após os ensaios bem-sucedidos em Honduras e no Paraguai, essa ofensiva que é política, econômica e sobretudo midiática avançou para o Brasil e, aqui, ganhou novos contornos. Além do apoio midiático ao golpe referendado pelo Judiciário, a mídia brasileira criou a espetacularização do Judiciário num processo de personificação da Justiça brasileira, que transformou o então juiz Sérgio Moro no símbolo da Justiça nacional. Sérgio Moro tem papel central no processo de destituição do governo Dilma e na consequente desestabilização da chamada política tradicional no Brasil. Como veremos ao longo das análises, o percurso de Moro da magistratura à candidatura à presidência da República engendra questões complexas que tiveram início com a Operação Lava Jato e impactaram profundamente o cenário democrático nacional.

Titular da 13ª Vara Criminal de Curitiba, no Paraná, Sérgio Moro foi o primeiro juiz a comandar a Operação Lava Jato, deflagrada pela Polícia Federal e pelo Ministério Público Federal em março de 2014. Suas primeiras ações à frente da operação resultaram na prisão de um grande número de supostos corruptos ou corruptores, enriquecidos a partir de ilícitos relacionados à Petrobras. Postura essa que foi amplamente elogiada nas (trans) mídias. A atuação de Moro chegou a ser comparada com a do ex-presidente do Supremo Tribunal Federal Joaquim Barbosa durante o julgamento que condenou políticos envolvidos no esquema de desvio de dinheiro púbico conhecido por "mensalão"[17].

Segundo Dias (2015), "a ingenuidade e a malícia política fizeram brotar a esperança de ter sido resgatada a moralidade no Brasil. Aparentemente, surgira um magistrado preocupado unicamente em fazer justiça". No entanto, com o avançar das investigações uma certa predileção por acusações voltadas para ilícitos ligados ao PT em detrimento do envolvimento de suspeitos de outros partidos foi se evidenciando, o que lançou o magistrado ao posto de "algoz"[18] do PT. Sérgio Moro, assim, passou a figurar como um tipo de justiceiro, com presença constante em jornais, revistas, telejornais, redes sociais e eventos nacionais e internacionais, sendo eleito pela mídia corporativa e pelos eleitores da direita como a personalidade capaz de acabar com a corrupção (leia-se, com o PT) e restaurar a ordem política no país.

Nesse processo, na contramão do artigo 13 do Código de Ética do Conselho de Magistratura – que diz que o "magistrado deve evitar comportamentos que impliquem a busca injustificada e desmesurada por reconhecimento social, mormente a autopromoção em publicação de qualquer natureza" –, o juiz virou uma figura pública, com fã-clubes, páginas de apoio a ele e à Operação Lava Jato, e mais de 1.693.390 seguidores na página "Unidos contra a corrupção"[19]. Tal exposição não só contraria a lógica de imparcialidade e transparência reservada ao Poder Judiciário por questões óbvias, e devidamente documentadas, como evidencia a midiatização do Judiciário brasileiro, que, dessa forma, entra na disputa por aprovação e adesão popular,

---

17 Mensalão foi um esquema de corrupção ocorrido entre 2002 e 2005. O nome refere-se a uma "mesada" que políticos recebiam em troca de apoio.

18 Termo utilizado por Laryssa Borges para se referir a Sérgio Moro em matéria publicada pelo site da Veja, em 08/04/2018, sob o título "Moro: de eleitor de Lula a algoz do ex-presidente". Disponível em: https://veja.abril.com.br/politica/moro-de-eleitor-de-lula-a-algoz-do-ex-presidente/. Acesso em 22/10/2022.

19 Disponível em: https://www.facebook.com/SFM.SERGIOMORO/. Acesso em: 23/06/2018.

como os partidos políticos. Eleito o "Brasileiro do ano na Justiça" em prêmio patrocinado pela revista Isto é, Sérgio Moro chegou a ser cogitado como candidato à presidência da República.

Conforme explica o jornalista Luis Nassif, a atuação da Lava Jato perseguiu os seguintes objetivos: (1) inviabilizar as multinacionais brasileiras que competiam com grupos norte-americanos no exterior; (2) derrubar o governo Dilma e, com ele, a legislação do pré-sal; e (3) inabilitar Lula politicamente. Dessa forma, dado o interesse em alcançar tais objetivos para impedir o retorno ao modelo combatido, Nassif argumenta que uma checagem minuciosa mostra que o trabalho da Lava Jato privilegiou a quantidade das delações em detrimento da qualidade, mas "obedecia à estratégia de comunicação, de não dar um minuto de folga aos inimigos (PT e Lula). Cada declaração, mesmo vazia e sem provas, alimentava o noticiário diário, insuflava o clamor das ruas e atraía adesões do Judiciário" (NASSIF, 2017).

A estratégia comunicativa de intensificar a cobertura de viés político, aumentando o volume de informações e delações relacionadas ao PT, em parceria com o Judiciário foi implacável no processo de aceitação popular e apoio ao noticiado "impeachment". O valor da comunicabilidade nesse tipo de golpe se manifesta claramente quando entendemos que um golpe sem armas de fogo se faz com a projeção de cartografias comunicáveis que operam como um modo de dominação simbólica num movimento operacional que, em substituição aos tanques de guerra, apropria-se de estratégias discursivas de controle e dominação, criando posições de sujeitos, organizando-as em mapas morais e limitando as possibilidades de resposta.

A MÍDIA CORPORATIVA NACIONAL

Se, nos golpes de Estado contemporâneos, a projeção de cartografias comunicáveis opera como um modo de dominação simbólica análogo a um tanque de guerra, num cenário midiático monopolizado por um grupo específico essa comunicabilidade pode se mostrar ainda mais potente. Segundo Lopes (2016), o cenário midiático nacional é composto por quatro famílias tradicionais que têm o monopólio virtual de jornais, programas de TV e outros serviços. A saber, os Marinho (Organizações Globo), os Civita (Grupo Abril/

Veja), os Frias (Grupo Folha) e os Mesquita (Grupo Estado). "A essas famílias somaram-se outras com mídias de segunda linha, como os Alzugaray (Editora Três/Isto é) e os Saad (Rede Bandeirantes), ou regionais, como os Sirotsky (RBS, influente no sul do país)" (LOPES, 2016, p. 97). No Brasil, a não democratização midiática evidenciada por esse monopólio midiático aponta para uma comunicabilidade extremamente potente e infecciosa.

Entre 2013 e 2016, a mídia corporativa demonstrou especial interesse em notícias relacionadas a escândalos de corrupção, particularmente associados a políticos e empresários relacionados ao PT. Esse interesse nos eventos políticos e os efeitos da comunicabilidade (trans)midiática nesse contexto fazem parte da história do país e, certamente, seguirão impactando os arranjos políticos nacionais. Afinal, conforme nos alertou Reis (2016, p. 27), "é explosivo o papel de um agente antidemocrático com posição tão vantajosa quanto a mídia, cada vez mais distante dos princípios do bom jornalismo".

A queda de Dilma é um exemplo desse potencial explosivo capaz de desencadear um verdadeiro bombardeio midiático, que perseguiu a ex-presidenta desde o primeiro dia da sua reeleição. Como afirmou a professora de relações internacionais da Universidade Federal do Rio Grande do Sul (UFRGS) Analúcia Danilevicz Pereira, não foi por acaso que a oposição conseguiu "'virar o jogo', que estava completamente a favor do governo [de acordo com a professora] até antes das manifestações de 2013" (apud MARETTI, 2016). Lembremos que, após um total de 12 anos de governo do Partido dos Trabalhadores, Dilma Rousseff foi reeleita em 2014 com 54 milhões de votos e uma taxa de aprovação geral de 60%. Como explicar tamanha desaprovação em 2016?

A esse respeito, não foi preciso muito tempo para que os próprios eventos políticos deixassem evidente os interesses políticos, jurídicos e midiáticos em jogo no contexto do Golpe de 2016. Ainda naquele ano, uma gravação[20] vazada por Sérgio Machado trouxe a público a conversa em que Jucá defendia a necessidade de um "grande acordo nacional" em

---

20 A gravação dos diálogos ocorridos entre Sérgio Machado e Romero Jucá em março de 2015 somam 1h15 e foi divulgada por Sérgio Machado, em delação premiada à Operação Lava Jato, em 23/05/2016.

parceria com a "imprensa", com os "militares" e com o "Supremo" ("com tudo"). Na gravação, o então senador é flagrado articulando a derrubada de Dilma Rousseff, sob a justificativa de que apenas "sem ela" [Dilma] seria possível "estancar a sangria" desencadeada pelas investigações da Operação Lava Jato. Com a divulgação da gravação, Romero Jucá perdeu o cargo de ministro, seguindo como líder do governo no Senado, conforme declaração de Michel Temer em nota de esclarecimento à imprensa.

Nesse jogo político-midiático, gravações emblemáticas que comprometiam personagens centrais do governo interino de Michel Temer e do Congresso pouco foram exploradas pela mídia, que, entre as gravações vazadas, optou por enfatizar a ligação que, apesar de correr sob segredo de justiça, foi ilegalmente cedida aos meios de comunicação pelo juiz Sérgio Moro e amplamente divulgada sob o discurso de transparência jornalística e combate à corrupção. Outra gravação importante nessa discussão é aquela em que o ex-presidente Lula e a então presidenta Dilma conversavam sobre a possibilidade de foro privilegiado para o ex-presidente, que foi destaque nos jornais e telejornais do Grupo Globo, chegando a ser a temática responsável por 90% do Jornal Nacional de 17/03/2016.

As referidas gravações serão aprofundadas na seção "Gravações em Foco" e é nesse contexto que o presente estudo se situa frente à proposta de investigação do investimento ideológico de notícias relacionadas à deposição de Dilma Rousseff, considerando a posição oposicionista da máquina midiática e sua ofensiva ao PT no "grande acordo nacional" – "com Supremo com tudo" – que teve como corolário o Golpe de Estado de 2016.

O GRUPO GLOBO E A TRADIÇÃO GOLPISTA: UM OLHAR HISTÓRICO

Neste capítulo abordaremos a metapragmática operada pelo Grupo Globo a partir da visão de "comunicação" projetada pelo mesmo, pontuando o modo como o jornalismo da Globo imagina a produção, a circulação e a recepção de suas cartografias comunicáveis. Ou seja, trataremos, aqui, da comunicabilidade operada pela Globo. Pretendemos, com isso, antecipar esse discurso metapragmático que será necessário ao entendimento da política de voz e verdade articulada pelo Jornal Nacional, na medida em que grande parte dessa política está encaixada em formas particulares de construção do discurso e em meta-mensagens.

Em 2016, ano da queda de Dilma, um estudo realizado pela Pesquisa Brasileira de Mídia constatou que, naquele momento, quase 90% da população brasileira se informava através da mídia televisiva, sendo que, destes 90%, 63% tinham a TV como principal fonte de informação. Nesse cenário, a Rede Globo de televisão aparecia como a emissora mais assistida do país, com a expressiva audiência nacional de 24 pontos[21]. Uma audiência 11 vezes maior do que a média de alcance da emissora mais assistida dos Estados Unidos, com 2,1 pontos, a NBC (National Broadcasting Company).

Com uma programação variada que vai do entretenimento ao jornalismo, a Rede Globo conta com o telejornal mais assistido da TV brasileira. Transmitido de segunda a sábado, por volta das 20h30, entre a transmissão de duas telenovelas amplamente assistidas, o Jornal Nacional se projeta como um telejornal "pautado pela credibilidade, isenção e ética" e responsável pela "cobertura completa das principais notícias no Brasil e no mundo", como informa a página

---

21 Nessa medição, cada ponto equivale a cerca de 240 mil domicílios sintonizados.

online do JN[22]. Com certa frequência, essa máxima de isenção e transparência é pontuada durante a transmissão. No entanto, apesar da grande audiência e do prestígio jornalístico que detém em âmbito nacional, o Grupo Globo também é conhecido por sua participação no golpe que instaurou uma ditadura militar no Brasil em 1964. De acordo com o professor e pesquisador Fábio Venturini (2014b), "se uma empresa foi beneficiada pela ditadura, a mais beneficiada foi a Globo, porque isso não acabou com a ditadura".

Em tese de doutorado defendida na PUC – SP, em 2014, sob o título "Da Ditadura Militar à Democracia Aparente: A Constituição Federativa do Brasil na Consolidação da Autocracia Burguesa (1964-1968)", Venturini atesta que Roberto Marinho participou da articulação do Golpe de 1964 (que instituiu uma ditadura civil-militar por duas décadas), fez doações para o IPES – Instituto de Pesquisas Sociais, que organizou o golpe – e deu apoio midiático durante a ditadura, tendo recebido a concessão dos canais da TV Globo, Canal 4 (RJ) e Canal 5 (SP). Em 1965, Castelo Branco agraciou o herdeiro do jornal O Globo, Roberto Marinho, com faixas de frequência para transmissão de som e imagem no Rio de Janeiro e em São Paulo. Nas palavras de Venturini,

> com um acordo ilegal com o grupo estadunidense Time Life, a nova TV Globo também se aproveitou de privilégios concedidos durante os governos chefiados por militares para se tornar a rede oficial do governo na linguagem audiovisual. Com recursos e finalidades "públicas", porém de gestão e benefício privados (VENTURINI, 2014, p. 48–49).

Dessa forma, Venturini (2014) conclui que a Globo foi pensada como líder de um aparato comunicativo para ser uma espécie de BBC no Brasil. Sendo que a BBC atende ao interesse público e a Globo foi montada por uma empresa privada, de interesse privado, para ser porta-voz governamental. Se a BBC foi criada para fiscalizar o Estado, a Globo surgiu como uma forma de evitar a fiscalização do Estado em troca dos favores que ajudaram a construir o império global.

---

22 Disponível em: http://memoriaglobo.globo.com/programas/jornalismo/telejornais/jornal-nacional/formato.htm. Acesso em: 17/09/2018.

Apesar das evidências, do histórico envolvimento e do apoio do Grupo Globo ao Golpe de 1964, é fato que, desde a redemocratização, as iniciativas voltadas ao entendimento e à reparação dos efeitos da ditadura experienciada pelo Brasil entre 1964 e 1985 seguiram sem grandes destaques por muito tempo. Até que em 2009, sob o governo Lula, foi criado o Centro de Referência das Lutas Políticas no Brasil (1964-1985) – Memórias Reveladas, com o objetivo de divulgar documentos e estimular estudos e pesquisas sobre os governos militares que comandaram o país entre os anos de 1964 e 1985.

Dando continuidade a esse trabalho, em 2011 Dilma Rousseff, vítima da ditadura militar que se tornara presidenta do Brasil, instituiu a Comissão Nacional da Verdade (CNV) – 12528/2011 –, "com a finalidade de examinar e esclarecer as graves violações de direitos humanos praticadas no período" da ditadura militar (1964-1985), "a fim de efetivar o direito à memória e à verdade histórica e promover a reconciliação nacional" (BRASIL, 2011).

Em 10/12/2014, a CNV concluiu que a prática de detenções ilegais e arbitrárias, tortura, violência sexual, execuções, desaparecimentos forçados e ocultação de cadáveres resultou de uma política estatal, de alcance generalizado, contra a população civil, caracterizando-se como crimes contra a humanidade. Foram identificados 434 casos de mortes e desaparecimentos de pessoas sob a responsabilidade do Estado brasileiro durante o período de 1946 e 1988. Atualmente, são 147 os presos políticos que ainda permanecem desaparecidos, entre jovens, adultos e crianças.

O avanço dessas investigações não só evidenciou a reponsabilidade institucional das Forças Armadas na ocorrência das violações como trouxe à tona essa antiga discussão a respeito da participação do Grupo Globo nesse processo.

Nas manifestações de junho de 2013, a mídia corporativa se tornou alvo do movimento que passou a pedir o fim do monopólio midiático nacional em prol de uma mídia mais democrática e plural, ao som de palavras de ordem como "A verdade é dura, a Globo apoiou a ditadura!".

Após esse movimento, que teve seu auge em 31/08/2013, o jornal O Globo noticiou: "Há muitos anos, em discussões internas, as Organizações Globo reconhecem que, à luz da história, esse apoio [ao golpe] foi um erro" (EKMAN, 2013). De acordo com o jornalista Pedro Ekman, foi o apelo das ruas que obrigou o Grupo Globo a pedir desculpas publicamente por ter apoiado o Golpe Militar de 1964. A esse respeito, a corporação afirmou não lamentar o fato de o reconhecimento de seu erro não ter sido publicado antes da onda de manifestações, pois "o clamor das ruas" fez com que o grupo tivesse "ainda mais certeza de que a avaliação que se fazia internamente era correta e que o reconhecimento do erro, necessário" (O GLOBO, 2013).

Apesar do pedido de desculpas que, como observou Ekman, foi feito "em cinco linhas enquanto as outras 50 explicaram os motivos da corporação", uma parcela significativa da população continua questionando a comunicabilidade do Grupo Globo. O que não interfere na grande audiência da corporação que, em suas páginas oficiais, segue afirmando que "o trabalho jornalístico tem de ser feito buscando-se isenção, correção e agilidade. Porque só tem valor a informação jornalística que seja isenta, correta e prestada com rapidez, os seus três atributos de qualidade". Diante do exposto, entendemos o Grupo Globo como uma corporação conservadora e, portanto, seu posicionamento crítico a um governo de esquerda é compreensível e esperado, inclusive. Dessa forma, ao olharmos para o Jornal Nacional, mais que dizer que a mídia de direita se opõe ao governo de esquerda, buscamos mostrar como os editoriais situados entre 2014 e 2016 interpelaram os telespectadores e quais foram os efeitos dessa comunicabilidade na opinião pública, nos protestos realizados e na subsequente derrubada do governo petista.

IMPEACHMENT OU GOLPE? CARTOGRAFIAS COMUNICÁVEIS E IDEOLOGIAS EM CONFLITO

Neste capítulo, exploro os dados gerados, buscando mapear as cartografias comunicáveis operadas pelo Jornal Nacional durante o percurso de transmissão das notícias relacionadas ao governo de Dilma Rousseff, desde a sua reeleição em 2014 até a sua destituição em 2016. Conforme mencionado nas palavras iniciais, acredito que com a disposição[23] das análises propostas será possível delinear momentos significativos dessa transmissão, a fim de reagregar os modos de interpelação projetados pelo JN acerca do declínio do governo de Dilma Rousseff. A discussão dos dados parte do estudo das cartografias comunicáveis projetadas para a observação das implicações discursivo-ideológicas resultantes delas, buscando entextualizar/reconstruir essas trajetórias discursivas. Dessa forma, tendo em tela a necessidade de compreensão dos embates político-discursivos na contemporaneidade, a investigação do arsenal semiótico transmidiático do Jornal Nacional aqui se propõe a mapear a produção de significados projetados pelo telejornal, pontuar os efeitos da circulação dos discursos comunicados e imaginar possibilidades alternativas de interpelação.

"A ELEIÇÃO MAIS ACIRRADA DA HISTÓRIA DA DEMOCRACIA BRASILEIRA"

Após oito anos de uma gestão internacionalmente reconhecida pelo combate à fome, pela quitação da dívida externa e pelos programas sociais de enfrentamento à desigualdade, Luiz Inácio Lula da Silva deixou a presidência do

---

[23] As análises foram organizadas conforme as datas em que foram veiculadas. Dessa forma, a disposição das mesmas no texto obedece à sequência cronológica em que foram transmitidas pelo Jornal Nacional, conforme indicado na Tabela 2.

Brasil, em 2010, com a taxa recorde de 87%[24] de aprovação e uma série de homenagens que vão desde o Prêmio Indira Gandhi pela Paz, Desarmamento e Desenvolvimento, em 2010, ao título de Homem do Ano entregue em 2009 pelo Le Monde e pelo El País, passando por ser eleito, em 2010, um dos líderes mais influentes do mundo, de acordo com a revista norte-americana Time[25], ao lado de líderes como Barack Obama e Annise Parker[26]. Em janeiro de 2019, por exemplo, o ex-presidente foi oficializado como pleiteante ao Prêmio Nobel da Paz, tendo recebido 614 mil assinaturas de apoio à sua indicação no abaixo-assinado criado pelo ativista de direitos humanos, arquiteto e escultor argentino Adolfo Pérez Esquivel, ganhador do prêmio em 1980. Até 2019 foi possível contabilizar 62 homenagens importantes[27] ao ex-presidente.

Ao término do seu segundo mandato, Lula indicou como sucessora a então ministra da Casa Civil, Dilma Rousseff, que, em 2010, foi eleita a primeira mulher a presidir o país, com 56,05%[28] dos votos válidos. Segundo a Pesquisa Ibope divulgada em 16/10/2010, 62% dos eleitores entrevistados acreditavam que Dilma Rousseff faria um governo "ótimo ou bom" a partir de 01/01/2011. Tal expectativa se manteve após a posse, e a popularidade da então presidenta foi aumentando, gradativamente, até a eclosão do Movimento Passe Livre, que reconfigurou esse cenário em junho de 2013.

---

24 Dados da pesquisa Ibope encomendada pela Confederação Nacional da Indústria (CNI) e divulgada em 16/12/2010. Disponível em: http://g1.globo.com/politica/noticia/2010/12/popularidade-de-lula-bate-recorde-e-chega-87-diz-ibope.html. Acesso em: 20/12/2018.

25 A Time é uma influente revista norte-americana que, desde 1927, faz a nomeação de "Personalidades do Ano", com o objetivo de reconhecer o indivíduo ou grupo de indivíduos que tiveram o maior destaque nas notícias daquele período. O título, no entanto, não é necessariamente concedido a humanos. Em 1982, o IBM PC/AT (computador pessoal) foi nomeado "Personalidade do Ano" pela Time. Disponível em: https://noticias.uol.com.br/internacional/ultimas-noticias/2010/04/29/lula-e-eleito-o-lider-mais-influente-do-mundo-pela-time.htm. Acesso em:21/10/2022.

26 Primeira prefeita abertamente homossexual a vencer uma eleição em uma das maiores cidades dos Estados Unidos. A saber, Houston, no Texas.

27 Os prêmios e homenagens a Lula podem ser verificadas no site do Instituto Lula. Disponível em: http://www.institutolula.org/premios. Acesso em: 21/13/2018.

28 Disponível em: http://g1.globo.com/especiais/eleicoes-2010/noticia/2010/10/dilma-rousseff-e-primeira-mulher-eleita-presidente-do-brasil.html. Acesso em: 20/12/2018.

Em sua página oficial, o Movimento Passe Livre se apresenta como um movimento social autônomo voltado para a "luta por um transporte público de verdade, gratuito para o conjunto da população e fora da iniciativa privada". De acordo com os integrantes do MPL, o movimento foi batizado em janeiro de 2005, mas "há seis anos, já existia a Campanha pelo Passe Livre em Florianópolis"[29]. Se a existência do movimento é anterior a 2005, a potência do MPL conforme conhecemos hoje atingiu seu auge em 17/06/2013, quando foram registradas manifestações em 25 capitais do país, levando cerca de um milhão de pessoas às ruas, de acordo com o jornal Folha de S. Paulo (20/06/2013). Contrastemos os 3.000 manifestantes reunidos pelo MPL em São Paulo em 2009 aos 65 mil que se manifestaram na capital em 2013 e teremos a dimensão do aumento da representatividade política do movimento.

Afirmando ter como objetivo principal a revogação do aumento das passagens de ônibus, que seriam reajustadas de R$ 3,00 para R$ 3,20 em São Paulo em 2013, o movimento atraiu manifestantes de perfis diversos que se propuseram a reivindicar a revogação desse aumento. No decorrer dos protestos, o movimento catalisou diferentes indignações, a pauta foi expandida e, ao lado dos protestos contra o aumento da passagem, passaram a figurar manifestações em favor da saúde pública e da educação no Brasil e contra a Copa do Mundo, sediada no Brasil em 2014, a corrupção, o PT e o governo Dilma. Tais questionamentos impulsionaram pedidos de impeachment e intervenção militar nas manifestações. Foi também nesse momento que a Rede Globo se tornou alvo dos protestos, que impulsionaram o pedido de desculpas pelo seu apoio à ditadura militar, conforme abordado no capítulo anterior.

> Naquele 17 de junho, o ato do MPL (Movimento Passe Livre) também era de repúdio à ação violenta e desproporcional da Polícia Militar do Estado de São Paulo nos protestos do dia 13. E, depois, o caldo dos protestos entornou de forma a deixar vazar a indignação que estava muito, muito além dos 20 centavos. A correnteza mudou de humor, de cor e de propósito: de movimento contemporâneo

---

[29] Disponível em: http://tarifazero.org/mpl/. Acesso em: 09/12/2018.

> e horizontal chegou a defender intervenção militar no país, de vermelho passou a verde e amarelo, de crítica ao sistema como existe se tornou o pedido de afastamento da presidente eleita (YAMAMOTO, 2016, p. 11).

De 17 a 22 de junho de 2013, os atos ganharam destaque e ampla cobertura no Jornal Nacional. Durante as transmissões, o JN operou a partir de um padrão comunicável diferente do habitualmente praticado, adotando o formato ao vivo, alongando o tempo das coberturas e abrindo espaço para improvisos e opiniões dos apresentadores. Simultaneamente, a avaliação positiva do governo Dilma caiu drasticamente e a sua popularidade, que oscilou positivamente entre 62% e 77% de 2011 a 2013, chegando a 79% em março de 2013, desceu 27 pontos em três semanas e atingiu seu menor patamar desde o início do mandato[30]. Ou seja, após esse movimento, o governo, até então aprovado pela maioria da população, passou a ser alvo de contestações e pedidos de impeachment.

Deflagrada em março de 2014, a Operação Lava Jato somou-se ao cenário de crise econômica e política que se instaurou no primeiro governo de Dilma Rousseff. Poucos meses antes da eleição presidencial, a operação revelou casos de lavagem e desvio de dinheiro, envolvendo empresários, a Petrobras, e vários políticos do governo, como veremos na seção "O escândalo da Petrobras". Notícias e prisões de políticos e empresários relacionados ao PT destacavam a participação do Partido dos Trabalhadores, projetando uma cartografia comunicável que o posicionava como protagonista do esquema de corrupção da Petrobras, embora o site Meu Congresso Nacional[31] já apontasse, naquele momento, a atuação de outros quatro partidos no escândalo.

---

30 Disponível em: http://datafolha.folha.uol.com.br/opiniaopublica/2013/06/1303659-aprovacao-a-governo-dilma-rousseff-cai-27-pontos-em-tres-semanas.shtml. Acesso em: 08/12/2018.

31 Em 27/10/2014, o site Meu Congresso Nacional apontava como participantes da Operação Lava Jato 31 membros do PP, seis do MDB, seis do PT e um do PTB. O PSDB também aparece com apenas uma participação. Tucanos como José Serra, Aécio Neves e Geraldo Alckmin, com foro privilegiado, foram poupados. Disponível em: http://meucongressonacional.com/lavajato/parlamentares. Acesso em: 10/12/2018.

Em março de 2014, as primeiras prisões da Operação Lava Jato encarceraram o doleiro Alberto Youssef e o ex-diretor de abastecimento da Petrobras Paulo Roberto Costa, investigado pelo Ministério Público Federal por supostas irregularidades na compra pela Petrobras da refinaria de Pasadena, no Texas, em 2006. Apesar da inexistência de denúncias diretamente relacionadas a Dilma Rousseff, o escândalo de corrupção na estatal foi automaticamente associado à ex-presidenta por remontar, em certa medida, ao período em que atuava como ministra de Minas e Energia, tornando a reeleição uma tarefa mais difícil.

O primeiro turno da eleição presidencial de 2014 foi marcado por escândalos de corrupção na Petrobras, pelo caso do helicóptero[32] envolvendo o candidato Aécio Neves e pelo acidente aéreo que culminou na morte do candidato Eduardo Campos, que estava em terceiro lugar nas pesquisas, despontando como uma alternativa aos candidatos petista e tucano. Ao longo da campanha, Aécio Neves (PSDB), Dilma Rousseff (PT) e Marina Silva (PSB), que substituiu Eduardo Campos como candidata do partido, protagonizaram embates ofensivos que deram o tom de toda a campanha.

Além dos ataques pessoais, o uso de robôs e perfis falsos voltados não só para divulgação, mas para difamação dos presidenciáveis, foram amplamente explorados na campanha. Chegavam, assim, ao Brasil, as fake news, como as conhecemos hoje no contexto político-midiático. Desde então, os "robôs" (como eram chamados na época) vêm sendo usados tanto pela direita quanto pela esquerda em campanhas eleitorais. A expressão "fake news" ganhou força mundial em 2016, quando conteúdos falsos sobre a candidata Hillary Clinton foram ostensivamente compartilhados pelos eleitores de Donald Trump nas redes sociais durante a corrida presidencial dos Estados Unidos. Eleito presidente, Trump chegou a reivindicar para si, em 2017, a "criação" do termo. No entanto, como ressaltou a companhia Merriam-Webster em suas redes sociais na época, assim como as notícias falsas precedem os tempos tecnológicos, os primeiros registros do uso de fake news para descrever "uma história política vista como danosa a agência, entidade ou pessoa" (2017, s/p)

---

32 Disponível em: https://www1.folha.uol.com.br/cotidiano/2017/12/1941722-dono-de-fazenda-onde-helicoptero-pousou-com-cocaina-e-preso-por-trafico.shtml. Acesso em: 21/10/2022.

datam de 1980. Atualmente, a expressão responde por um fenômeno global, com projeções comunicáveis que merecem atenção teórica premente. Para o professor e coordenador do Laboratório de Estudos sobre Imagem e Cibercultura (Labic) do Departamento de Comunicação Social da Universidade Federal do Espírito Santo (Ufes), Fábio Malini, essa "robotização da disputa política" foi um danoso legado da eleição de 2014 à democracia. Ele explica que "o efeito dos *bots* no Brasil foi aumentar a temperatura do debate eleitoral"[33] (VIANA, 2015). Chegando ao segundo turno, Aécio Neves e Dilma Rousseff trocaram ofensas e ataques em uma disputa acirrada tanto nas intenções de voto quanto nos escândalos de corrupção. Se por um lado o candidato tucano acusava o PT e a então presidenta de envolvimento no esquema de fraude na Petrobras, também chamado de Petrolão, por outro, a candidata petista explorava a relação de Aécio Neves no caso do helicóptero apreendido pela Polícia Federal com 450 kg de cocaína, que ficou conhecido como Helicoca. Por conta dos ataques pessoais praticados durante a campanha, os candidatos chagaram a ser punidos pelo TSE com redução do tempo gratuito reservado à propaganda eleitoral[34].

Os modelos de comunicação que conhecemos são reconfigurados na digitalização da vida social, o que impacta na produção e na circulação de significados que concorrem na arena política. Como mencionado nas palavras iniciais deste livro, na era pós-digital a ordem interacional de comunicação é moldada por uma intensa relação entre humanos e máquinas, produzindo novas formas de comunicabilidade do discurso político (BLOMMAERT, 2020). Assim, a disputa política também passa a compreender uma batalha algorítmica na produção de "verdades" nas redes.

A essa altura da campanha, já era possível observar uma considerável polarização política, sinalizando um conflito de classe ainda pouco aparente.

---

33 Fábio Malini argumenta que a motivação emocional em rede se dá em torno da velocidade da publicação de muitas mensagens. Assim, ao passo que a velocidade dos likes, tuítes, compartilhamentos e comentários aumenta, também aumenta ansiedade em torno do tema, provocando movimentação na timeline e um efeito imediato na criação de um engajamento mais intenso. Para mais informações, leia a reportagem "A direita abraça a rede". Disponível em: https://apublica.org/2015/06/a-direita-abraca-a-rede/. Acesso em: 08/01/2019.

34 A informação da punição dos candidatos referidos foi divulgada pela EBC. Disponível em: http://agenciabrasil.ebc.com.br/politica/noticia/2014-10/tse-proibe-propagandas-em-que-dilma-e-aecio-trocam-acusacoes. Acesso em: 08/01/2019.

> Os conflitos de classe nem sempre se apresentam como tal; eles aparecem mascarados. Principalmente em se tratando de classes minoritárias e abastadas, interesses particularistas acabam por assumir uma feição universalista, condição para que sejam aceitos como legítimos pela maioria da população. Os banqueiros não dizem que defendem a elevação da taxa de juro para aumentar o lucro dos bancos, mas sim para combater a inflação. Com o discurso dos partidos políticos se passa algo semelhante. Com o discurso dos partidos políticos se passa algo semelhante. Todos os partidos políticos burgueses, de classe média e da pequena burguesia tendem a se apresentar como defensores dos interesses do "cidadão" ou do "país". [...] Na crise atual, esse fenômeno da dissimulação aparece, de modo exemplar, na pretensa luta contra a corrupção (BOITO JR, 2016, p. 25).

Nesse cenário, tínhamos de um lado a esperança no poder de recuperação do governo de Dilma Rousseff e o voto pela manutenção dos programas sociais desenvolvidos em toda a gestão petista caminhava. Do outro, um grande arco oposicionista, defendendo a instauração da chamada moralidade pública e a recuperação de um país tido como destruído pela gestão petista. As pesquisas de intenção de votos divulgadas ao longo da campanha sinalizaram essa divisão, apontando um país polarizado. A 11 dias da votação, as pesquisas Datafolha e Ibope indicavam um empate técnico entre Aécio e Dilma. O candidato tucano aparecia com 51% dos votos válidos, enquanto a petista contava com 49% dos votos válidos.

O empate técnico se manteve durante todo o segundo turno, que passou a ser noticiado como a disputa presidencial mais acirrada desde a redemocratização no Brasil. Ao término dessa eleição disputada, acalorada e imprevisível, Dilma Rousseff foi reeleita presidenta do Brasil com 51,64% dos votos válidos[35]. No dia seguinte, ao noticiar o resultado, o Jornal Nacional

---

[35] Segundo informações divulgadas pelo jornal online Pragmatismo Político, às 19h30 de 26/10/2014, o então candidato à presidência Aécio Neves teria recebido uma ligação do "dono do Ibobe" parabenizando-o pela vitória. O site mostra imagens da comemoração motivada pela ligação e prints da conversa de WhatsApp que teria vazado. Para maiores informações, leia o artigo "Aécio, familiares e convidados comemoram a vitória antes do tempo". Disponível em: https://www.pragmatismopolitico.com.br/2014/10/aecio-familiares-e-convidados-comemoraram-vitoria-antes-tempo.html. Acesso em: 20/12/2018.

anunciou: "Dilma vence eleição mais acirrada da história da democracia brasileira". Esta notícia inicia a sequência de análises deste estudo e segue transcrita a seguir.

"DILMA VENCE ELEIÇÃO MAIS ACIRRADA DA HISTÓRIA DA DEMOCRACIA BRASILEIRA"

PLANO	DIMENSÃO VISUAL	DIMENSÃO VERBAL	DIMENSÃO SONORA
1	PLANO MÉDIO FRONTAL: enquadra William Bonner e Patrícia Poeta sentados à bancada do JN no estúdio de gravação. Ao fundo, a redação em funcionamento, um mapa mundi projetado entre os apresentadores e um símbolo do JN nas laterais da imagem.		VOZ: William Bonner
		A disputa das eleições presidenciais no Brasil termino:u com a vitória mais apertada da história e ↓concedeu à presidente Dilma Rousseff, do PT, o direito de seguir no cargo durante os próximos quatro anos.	
	Câmera fecha em plano próximo.  	A espera pela divulgação do resultado das urnas deu, aos minutos finais da eleição, uma dose ainda maior de emoção, num domingo histórico. Esses momentos que eletrizaram o Brasil estão na reportagem de Zileide Silva	
2	OFF: vê-se Dilma Rousseff no Palácio da Alvorada através de uma parede de vidro. 	No Palácio da Alvorada, expectativa. A presidente aguardava o resultado da eleição mais <acirrada da história. da democracia brasileira>.	VOZ: Zileide Silva.

"DILMA VENCE ELEIÇÃO MAIS ACIRRADA DA HISTÓRIA DA DEMOCRACIA BRASILEIRA"

PLANO	DIMENSÃO VISUAL	DIMENSÃO VERBAL	DIMENSÃO SONORA
3	OFF: mostra imagem do mapa do Brasil, de um relógio, sinalizando 17h - 3h, e a seguinte legenda: "Votação 2º turno".  	Disputa que por causa do fuso horário do Acre, três horas atrás em relação a Brasília, ganhou ainda mais emoção.	VOZ: Zileide Silva.
4	OFF CONTRAPICADO: vê-se o TSE a partir de fora, com a câmera posicionada de baixo para cima.  Legenda: "Produção: Mariana Oliveira, Roianara de Castilhos".	Durante essas três horas, apenas 30 técnicos tinham acesso aos números. Eles ficaram isolados, sem acesso a celular, numa sala do TSE.	VOZ: Zileide Silva.
5	OFF: mostra área interna do TSE. Pessoas observam um monitor e comentam entre si. 	Às 20h02, apareceram. os primeiros resultados. >Dilma na frente<, com 50,99 porce:nto dos votos. Aécio, tinha quarenta e nove vírgula zero um. E ainda faltava contar os votos de vinte e uma mil urnas. O resultado matemático só veio às oito e vinte e sete.	VOZ: Zileide Silva.

"DILMA VENCE ELEIÇÃO MAIS ACIRRADA DA HISTÓRIA DA DEMOCRACIA BRASILEIRA"

PLANO	DIMENSÃO VISUAL	DIMENSÃO VERBAL	DIMENSÃO SONORA
6	PLANO MÉDIO FRONTAL: enquadra William Bonner e Heraldo Pereira, que conversam e sorriem. Bonner gesticula. Ao fundo, uma tela de TV com a mensagem "Eleições 2014". 	À:s oitch e meia, o Fantástico. anunciou o resultado oficial.	VOZ: Zileide Silva.
7	MÉDIO FRONTAL: William Bonner e Heraldo Pereira. Bonner fala e gesticula. Plano de fundo idêntico ao anterior. 	Às oito e meia da noite de domingo, nós vamos anunciar, <dentro do Fantástico, que Dilma Rousseff está reeleita oficialmente para a presidência da República>. Ela é a vencedora da eleição.	VOZ: William Bonner.
8	OFF: veem-se pessoas acompanhando um carro. Algumas carregavam faixas e bandeiras com o número 45. Na sequência, Aécio Neves é enquadrado em um palanque cercado de apoiadores com uma bandeira nacional ao fundo. 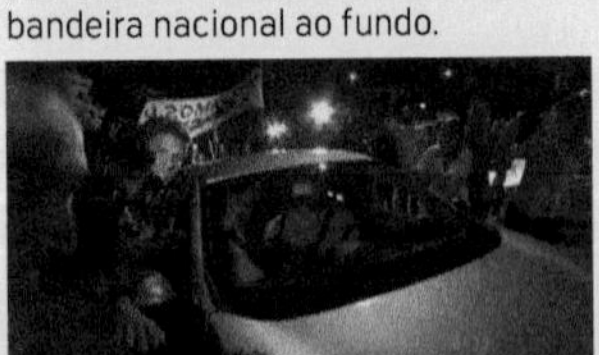 	Pouco depois, Aécio Neves telefonou para a presidente e, em seguida, acompanhado de amigos e aliados, fez um pronunciamento, em Belo Horizonte, ↓reconhecendo a derrota.	VOZ: Zileide Silva. Gritos e aplausos.

"DILMA VENCE ELEIÇÃO MAIS ACIRRADA DA HISTÓRIA DA DEMOCRACIA BRASILEIRA"

PLANO	DIMENSÃO VISUAL	DIMENSÃO VERBAL	DIMENSÃO SONORA
9	PLANO PRÓXIMO: enquadra Aécio Neves. Ao fundo, apoiadores e a bandeira nacional. 	<Comprimentei agora há pouco, por telefone, a presidente reeleita. e desejei a ela sucesso na condução do seu próximo governo, e: ressaltei. considero que: a maior de todas as prioridades deve ser. unir o Brasil em torno de um projeto honrado e que dignifique a todos os brasileiros.>	VOZ: Aécio Neves.
10	OFF: vê-se Aécio Neves em plano próximo. Ao fundo, apoiadores e a bandeira nacional. 	Aécio agradeceu aos mais de cinquenta MILHÕES de brasileiros que ↓votaram nele.	VOZ: Zileide Silva.

"DILMA VENCE ELEIÇÃO MAIS ACIRRADA DA HISTÓRIA DA DEMOCRACIA BRASILEIRA"

PLANO	DIMENSÃO VISUAL	DIMENSÃO VERBAL	DIMENSÃO SONORA
11	PLANO PRÓXIMO: Aécio Neves. Ao fundo, apoiadores e a bandeira nacional.  Aécio acena com a cabeça em sinal de afirmativo.	<Eu serei eternamente grato a cada um, a cada uma de vocês que me permitiram voltar a sonha:r e acreditar na construção de um novo projeto. As cenas que eu vivi ao longo desses últimos meses jamais sairão da minha mente e do meu coração. Portanto, mais vivo do que nunca, mais sonhador do que nunca, eu deixo essa campanha, ao final, com o sentimento de que cumprimos o nosso papel e repito, para encerrar: mais uma vez, São Paulo, porque é o que retrata para mim de forma mais clara. o sentimento que tenho hoje na minha alma e no meu coração: Combati. o bom combate, cumpri minha missão. >e guardei a fé<. ↑ Muito obrigado a todos os brasileiros	VOZ: Aécio Neves.
12	PLANO MÉDIO FRONTAL: enquadra Zileide Silva em frente ao Palácio da Alvorada. Zileide Silva sorri enquanto fala.  Legenda: "Zileide Silva, Brasília".	A primeira comemoração da vitória foi aqui ↓no Palácio da Alvorada. A presidente. estava com a filha, ministros, aliados políticos e coordenadores da campanha. ↑Foi uma comemoração rápida. Os mi-li-tantes ↓>esperavam por ela<.	VOZ: Zileide Silva.

"DILMA VENCE ELEIÇÃO MAIS ACIRRADA DA HISTÓRIA DA DEMOCRACIA BRASILEIRA"

PLANO	DIMENSÃO VISUAL	DIMENSÃO VERBAL	DIMENSÃO SONORA
13	OFF/GERAL: veem-se carros saindo do Palácio da Alvorada à noite. 	Passava das 21 horas, quando um comboio. levando a presidente reeleita. >deixou o Palácio da Alvorada	VOZ: Zileide Silva.
	GERAL PANORÂMICO: veem-se pessoas, majoritariamente vestidas de vermelho, segurando bandeiras vermelhas, elevando os braços, sorrindo e gritando. 	em direção ao hotel onde os mi-li-tantes ↓ >já comemoravam>.	Gritos e palavras de ordem.
14	OFF GERAL: mostra Dilma 	Dilma Rousseff agradeceu. e fez um apelo para a união.	VOZ: Zileide Silva.
15	MÉDIO PRÓXIMO: enquadra Dilma Rousseff posicionada em frente a um púlpito coberto pela bandeira do Brasil. Ao fundo, Michel Temer, sua esposa, outros três homens e uma bandeira vermelha e branca. 	<Conclamo. sem exceção. a todas as brasileiras e a todos os brasileiros> para >nos unirmos< em favor do futuro, de nossa pátria, de nosso país e de nosso ↓povo.	VOZ: Dilma Rousseff. Aplausos.

"DILMA VENCE ELEIÇÃO MAIS ACIRRADA DA HISTÓRIA DA DEMOCRACIA BRASILEIRA"

<table>
<tr><th>PLANO</th><th>DIMENSÃO VISUAL</th><th>DIMENSÃO VERBAL</th><th>DIMENSÃO SONORA</th></tr>
<tr><td>16</td><td>OFF/GERAL: veem-se pessoas sentadas de costas para a câmera. À frente delas, um palanque. No centro deste, Dilma Rousseff ao púlpito envolto pela bandeira do Brasil. Ao fundo, apoiadores, duas fotos posicionadas nas laterais e uma bandeira com a mensagem "Dilma Presidenta 13" ao centro.

</td><td>No discurso, prometeu diálogo >e lembrou< que a palavra <mais repetida> durante a campanha foi mudança. Disse que vai respeitar esse dese:jo ↓da sociedade.</td><td>voz: Zileide Silva.</td></tr>
<tr><td>17</td><td>TRAVELLING: mostra Dilma Rousseff no palanque em plano geral. A câmera avança para o plano próximo e volta ao plano geral.
</td><td><É este. o meu primeiro compromisso. do segundo mandato. diálogo.
Em lugar. de ampliar divergências. de criar um fosso. tenho forte esperança. de que a energia mo-bi-li-zadora. tenha preparado. um bom terreno. para construção. de pontes. Algumas vezes, na história, resultados apertados produziram mudanças mais fortes e mais rápidas do que vitórias muito amplas.></td><td>voz: Dilma Rousseff.
Gritos e aplausos.</td></tr>
<tr><td>18</td><td>PLANO PRÓXIMO: vê-se Dilma Rousseff. Ao fundo, Michel Temer, Marcela Temer e mais dois homens.
</td><td>Afirmou, ainda, que a reforma política vai ser a prioridade do ↓novo mandato.
((inaudível)) foi mudança.</td><td>voz: Zileide Silva.
voz: Dilma Rousseff.</td></tr>
</table>

"DILMA VENCE ELEIÇÃO MAIS ACIRRADA DA HISTÓRIA DA DEMOCRACIA BRASILEIRA"

PLANO	DIMENSÃO VISUAL	DIMENSÃO VERBAL	DIMENSÃO SONORA
19	PLANO PRÓXIMO/GERAL: enquadra Dilma Rousseff. Há um movimento de distanciamento do palco. O movimento se conclui no plano geral. Vê-se a plateia que observa e Dilma de frente em pé. 	<O tema. mais implament- amplamente invoca:do foi reforma. Sei que estou sendo reconduzida. à presidência para fazer as grandes mudanças> >que a sociedade brasileira exige<. <Meu compromisso>. como ficou claro durante toda campanha. <é deflagrar essa refo:rma. que é responsabilidade constitucional do Congresso. e que deve mobilizar a sociedade num plebiscito. por meio de uma consulta popular.>	VOZ: Dilma Rousseff. Gritos e aplausos.
20	OFF: vê-se Dilma Rousseff em plano médio. Ao fundo, Michel Temer, Marcela Temer e mais dois homens. 	Dilma reafirmou. que vai combater a corrupção.	VOZ: Zileide Silva. Gritos e aplausos.
21	PLANO PRÓXIMO: enquadra Dilma Rousseff em frente ao púlpito. 	<TEREI UM COMPROMISSO. RIGOROSO. TAMBÉM. COM O COMBATE À CORRUPÇÃO. FORTALECENDO. AS INSTITUIÇÕES. DE CONTROLE.> E PROPOR:NDO MUDANÇAS NA LEGISLAÇÃO ATUAL PARA ACABAR COM A IMPUNIDADE. QUE É. A PROTETORA DA CORRUPÇÃO.	VOZ: Dilma Rousseff.

"DILMA VENCE ELEIÇÃO MAIS ACIRRADA DA HISTÓRIA DA DEMOCRACIA BRASILEIRA"

PLANO	DIMENSÃO VISUAL	DIMENSÃO VERBAL	DIMENSÃO SONORA
22	OFF: Vê-se a plateia que observa e Dilma de frente em pé, falando no púlpito. Ao fundo, apoiadores, duas bandeiras e um câmera man. O plano geral amplia o ângulo aberto. 	E falou. em ações imediatas para retoma:r o crescimento econômico, e combater. a ↓inflação.	VOZ: Zileide Silva.
23	PLANO GERAL/MÉDIO: mostra a plateia de costas para a câmera e de frente para Dilma Rousseff, que fala ao púlpito.  A câmera avança e fecha em plano próximo. Ao fundo, Michel Temer, Marcela Temer e mais três homens observam por trás dela.	<Promoverei também. com urgência. ações. localizadas. em especial. na economia.> para retomarmos nosso ritmo de crescimento. <continuarmos. garantindo. os níveis altos de emprego. e assegurando. também. a valorização dos salários>. <Seguirei. combatendo com rigor a inflação. e avançando. no terreno da responsabilidade fiscal>.	VOZ: Dilma Rousseff.
24	OFF/GERAL: vê-se a plateia, de costas, observando e aplaudindo. Dilma de frente, em pé, fala no púlpito. Ao fundo, apoiadores aplaudem. 	<O-ti-mi:sta>, Dilma Rousseff. ↓encerrou o discurso.	VOZ: Zileide Silva. Aplausos.

"DILMA VENCE ELEIÇÃO MAIS ACIRRADA DA HISTÓRIA DA DEMOCRACIA BRASILEIRA"

PLANO	DIMENSÃO VISUAL	DIMENSÃO VERBAL	DIMENSÃO SONORA
25	PLANO GERAL: mostra a plateia de costas. Dilma em frente à plateia de pé. Ao fundo, homens e mulheres observam e aplaudem. 	<Hoje. estou. muito mais forte. mais serena. e mais madura para a tarefa que vocês me delegaram. ↑BRASIL <mais uma vez>. esta filha tua não fugirá da luta.	voz: Dilma Rousseff. Gritos e aplausos intensos. Aplausos Gritos e aplausos intensos.

Na chamada de apresentação do editorial de 27/10/2014, Patrícia Poeta anunciou: "Hoje, no Jornal Nacional, você vai ver uma entrevista exclusiva com Dilma Rousseff, os desafios que o governo dela terá que enfrentar nos próximos anos na área da economia e também como ficou a composição do congresso depois das eleições de 2014. Tem ainda a repercussão no mundo". Voltada para a reeleição de Dilma Rousseff, a referida edição dedica 13 das 18 notícias veiculadas a temáticas relacionadas às eleições. Essa sequência é iniciada com a matéria analisada a seguir. Com sete minutos de duração, a notícia é apresentada por William Bonner, tem reportagem de Zileide Silva e produção de Mariana Oliveira e Roianara de Castilhos.

Na apresentação da notícia, William Bonner comunica "a vitória mais apertada da história" e se refere ao dia da votação como um "domingo histórico". Tal escolha referencial enfatiza a imprevisibilidade de uma corrida presidencial disputada até os últimos votos contabilizados. Nas palavras de Bonner, uma eleição com "uma dose maior de emoção" em "momentos que eletrizaram o Brasil".

Na sequência, seguindo esse alinhamento de expectativa com o resultado que, por conta do equilíbrio dos votos e do fuso horário do Acre (três horas de atraso em relação a Brasília), só foi divulgado às 20h30, a reportagem de Zileide Silva mostra o anúncio oficial da vitória feito pelo Fantástico no dia anterior, passa ao pronunciamento do segundo colocado na corrida presidencial e conclui com a fala da presidenta reeleita.

Tal qual descrito na transcrição, a dinâmica dos pronunciamentos obedeceu a um movimento de alternância entre a fala da repórter Zileide Silva e a fala dos presidenciáveis. Num primeiro momento, a repórter destacava determinado ponto – como quem faz um resumo – e, na sequência, as falas eram apresentadas. No decorrer do pronunciamento de Aécio Neves, Zileide destacou o reconhecimento da "derrota" e o agradecimento "aos mais de 50 milhões de brasileiros que votaram nele". Pensando na divisão política evidenciada no período eleitoral, destacamos o momento em que, após desejar sucesso à presidenta eleita, Aécio ressalta que "a maior de todas prioridades deve ser unir o Brasil em torno de um projeto honrado e que dignifique a todos os brasileiros".

Assim como o segundo colocado, Dilma Rousseff também mencionou essa necessidade em seu pronunciamento, reforçando a percepção da divisão política que tomou conta do país nas eleições de 2014. A esse respeito, especialistas afirmavam que a disputa entre PT e PSDB era apenas eleitoral, não representando uma divisão profunda na sociedade. Timothy Power, diretor do Programa de Estudos Brasileiros da Universidade de Oxford, declarou que o país vivia, na verdade, "uma ressaca política depois de uma eleição muito apertada" e que as pessoas estavam "usando a palavra 'polarização' de uma maneira bastante equivocada" (ESTARQUE; GOMES, 2015). O filósofo Paulo Eduardo Arantes afirmou em entrevista à Carta Capital que a polarização da campanha, o 'nós' contra 'eles', era muito rasa e concluiu: "Com o tempo isso vai desaparecer com as composições que serão feitas no governo" (ESTARQUE; GOMES, 2015).

À fala dos especialistas supracitados, contrastam-se não apenas os pronunciamentos dos presidenciáveis, como a escolha pela designação "militantes" para nomear os eleitores de Dilma Rousseff. Ao se referir aos eleitores que aguardavam a presidenta para celebrar a vitória como "militantes", Zileide Silva os posiciona em oposição aos eleitores do país, atualizando o discurso antipetista que entende o eleitor do Partido dos Trabalhadores como militante, participante do Movimento dos Trabalhadores Rurais Sem Terra (MST), entre outros. Assim, a posição social do eleitor de Dilma Rousseff é produzida a partir das minorias assistidas por programas sociais voltados para trabalhadores do campo e cidadãos em busca de moradia. Nesse cenário, a imagem de nação simbolizada pela maioria eleitora é substituída pela valorização de um resultado apertado. Tal posição promove um eixo de diferenciação (GAL; IRVINE, 2019) que, pela linguagem, cria uma perspectiva sobre quem seriam os eleitores de Dilma. A escolha por "militante" aponta para um elo indexical que diferencia cidadãos(ãs) comuns brasileiros(as) de eleitores(as) "engajados(as)" e "partidários(as)". A vitória da presidenta reeleita, dessa forma, não configuraria a vitória da maioria nacional e, sim, a conquista de um grupo de militantes do Partido dos Trabalhadores.

Ao longo das análises, veremos que, ao contrário do que projetou Timothy Power, nesse momento o Brasil não vivia apenas uma "ressaca moral". O que se observava era a ascensão de uma profunda polarização política e social que começou a se manifestar intensamente em 2013, ganhou força na campanha eleitoral de 2014 e se consolidou com a reeleição de Dilma Rousseff. Exemplo disso é a campanha "A culpa não é minha. Eu votei no Aécio"[36], que ganhou mídias e ruas após a reeleição. Desde então, em vez de "desaparecer", conforme previu Paulo Eduardo Arantes, a divisão política instaurada vem sendo significativamente ampliada. E foi diante deste cenário que teve início o segundo mandato de Dilma Rousseff, após a "eleição mais apertada da história da democracia brasileira".

---

[36] Protagonizada por atores, cantores, jogadores de futebol e de basquete, entre outros, a campanha "A culpa não é minha. Eu votei no Aécio" surgiu, em 2015, quando o estilista Sérgio K., em meio às investigações da Lava Jato e às manifestações que pediam o impeachment de Dilma Rousseff, criou camisetas de apoio ao concorrente de Dilma na corrida presidencial de 2014, Aécio Neves (PSDB). A camiseta foi usada por celebridades como Ronaldo Fenômeno e Vanessa Camargo, que chegaram a participar de atos de protesto em carros de som. De acordo com a Veja SP, após a divulgação do recebimento de propina por parte do senador tucano em 17/05/2017, o estilista se arrependeu da campanha e afirmou: "Nunca mais farei camisetas de cunho político" (BATISTA, 2017).

O ESCÂNDALO DA PETROBRAS

Em 01/01/2015, a tensão anunciada e experienciada durante as eleições se reafirmou quando PSDB e DEM recusaram-se a comparecer à solenidade que deu início ao segundo mandato de Dilma Rousseff. Tal decisão não apenas sinalizou o nível de polarização política existente naquele momento, como levantou questionamentos e preocupação acerca da necessidade de diálogo e atuação conjunta do Congresso diante da recessão que assolou o Brasil desde o segundo trimestre de 2014, segundo relatório da Fundação Getúlio Vargas (FGV)[37]. Não obstante, o avanço das investigações da Operação Lava Jato veio a pressionar ainda mais o governo Dilma.

Como mencionamos na seção anterior, poucos meses antes da campanha para a reeleição a eclosão da Operação Lava Jato alterou o cenário político nacional, comprometendo empresários e políticos de diversos partidos do governo em esquemas de corrupção. De acordo com o Ministério Público, a operação da Polícia Federal que revelou o envolvimento da Petrobras em esquemas de lavagem e desvio de dinheiro recebeu o nome de "Lava Jato" por fazer uso de uma rede de postos de combustíveis e lava a jato de automóveis para movimentar recursos ilícitos pertencentes à estatal. Embora a investigação tenha avançado para outras organizações criminosas, o nome inicial se consagrou[38].

Ancorada em delações premiadas, a investigação contou com mais de 15 acordos de delação premiada com o Ministério Público Federal, partindo da colaboração do doleiro Alberto Youssef, apontado como o operador do esquema, e do diretor de Refino e Abastecimento da Petrobras entre 2004 e 2012, Paulo Roberto Costa (PP), preso em 17/03/2015 por corrupção e lavagem de dinheiro. Em suas delações, Youssef e Costa afirmaram que parte da propina recebida no esquema teria sido destinada aos partidos PT, PMDB e PP para uso na campanha eleitoral de 2010, direcionando a investigação para a esfera política. De acordo com o Ministério Público, "se não fossem

[37] Disponível em: http://g1.globo.com/economia/noticia/2015/08/brasil-entrou-em-recessao-partir-do-2-trimestre-de-2014-diz-fgv.html. Acesso em: 02/01/2019.

[38] Mais detalhes sobre a Operação Lava Jato encontram-se disponíveis em: http://www.mpf.mp.br/para-o-cidadao/caso-lava-jato/entenda-o-caso. Acesso em: 18/12/2018.

os acordos de colaboração pactuados entre procuradores da República e os investigados, o caso Lava Jato não teria alcançado evidências de corrupção para além daquela envolvendo Paulo Roberto Costa" (MPF, 2018).

Segundo levantamento publicado pela revista Congresso em Foco em 21/07/2017, os partidos políticos com mais congressistas investigados pela Lava Jato são o PP, com 35 parlamentares, o PR, com 19, o PT e o PMDB, com 32 cada, e o PSDB, com 26[39]. No entanto, desde a primeira notícia sobre a operação em 17/03/2014, os mapas comunicáveis operados pelo JN a respeito da Lava Jato atuam a partir de uma exposição diária e crescente da investigação e dos investigados vinculados ao PT, construindo uma imagem simbólica de participação exclusiva do Partido dos Trabalhadores no esquema de corrupção, ao passo que o envolvimento dos demais partidos tende a ser minimizado ou apagado das notícias.

Para demonstrar esse padrão comunicável, analisamos uma notícia de 03/07/2015, quando o JN noticiou a delação do empresário Ricardo Pessoa, preso em 14/11/2014, que, além de delatar o esquema de cartel entre as maiores empreiteiras do país, confessou ocultar propina em doações eleitorais e partidárias a partidos políticos, recebendo, com isso, o benefício da prisão domiciliar em abril de 2015.

---

[39] Cumpre salientar que tais dados foram publicados em 2017 e, portanto, podem ter sofrido alterações, uma vez que o avanço das investigações levanta novos nomes e partidos. Buscamos essa informação no site do Ministério Público Federal, mas não encontramos. Sendo assim, os dados citados foram extraídos da revista Congresso em Foco. Disponível em: https://congressoemfoco.uol.com.br/especial/noticias/pp-pmdb-pt-e-psdb-sao-os--partidos-com-mais-parlamentares-sob-suspeita/. Acesso em: 02/01/2019.

"DELATOR APRESENTA DOCUMENTOS DO PAGAMENTO DE PROPINA A POLÍTICOS"

PLANO	DIMENSÃO VISUAL	DIMENSÃO VERBAL	DIMENSÃO SONORA
1	PLANO MÉDIO FRONTAL: enquadra Renata Vasconcellos, sentada, à bancada do estúdio do JN. Ao fundo, o símbolo da Petrobras (BR) e a imagem de uma grande tubulação, despejando um fluxo de várias notas de R$ 100,00 que ficam flutuando no cenário após ejetadas. Vasconcellos posiciona uma mão sobre a outra e eleva as sobrancelhas. 	No acordo de delação premiada, o dono da empresa UTC, ↓Ricardo Pessoa, apresentou aos investigadores da Lava Jato documentos do pagamento de propina a políticos.	VOZ: Renata Vasconcellos.
2	OFF: mostra Ricardo Pessoa, algemado, sendo conduzido por policiais federais à viatura. 	↑Ricardo Pessoa é apontado como chefe do suposto clube das empreiteiras, formado para fraudar licitações da Petrobras. Processado por crimes como corrupção e lavagem de dinheiro, o empresário cumpre prisão domiciliar em São Paulo.	VOZ: Camila Bonfim.
3	PLANO PRÓXIMO: enquadra Camila Bonfim, que fala segurando um microfone. Ao fundo, um jardim.  LEGENDA: "Camila Bonfim, Curitiba".	↑Esses novos documentos podem orientar novos rumos na investigação. E ↑a maioria das informações diz respeito a políticos. O empresário contou a investigadores que era mu:ito procurado por políticos. e que mesmo quando eles não tinham influência direta na Petrobras, a UTC fazias doações. ou pagava por serviços.	VOZ: Camila Bonfim.

"DELATOR APRESENTA DOCUMENTOS DO PAGAMENTO DE PROPINA A POLÍTICOS"

PLANO	DIMENSÃO VISUAL	DIMENSÃO VERBAL	DIMENSÃO SONORA
4	FOCO SELETIVO: trechos de um texto são focalizados em destaque, enquanto outros trechos aparecem desfocados. Uma tabela é focalizada. Siglas de partidos são destacadas. 	Tanto dinheiro doado de forma pu:lverizada a diversos partidos e políticos <tinha uma intenção>. fazer com que a engrenagem andasse perfeitamente. tirando portanto. todas as pedras que pudessem aparecer no caminho. abertura de portas no Congresso, na Câmara. e em to:dos os órgãos públicos. Essa tabela mostra doações a políticos de vários partidos. de <apoio> ao governo. e de <oposição>. Traz nomes e valores, mas não separa o que é doação legal. e o que seria caixa dois.	VOZ: Camila Bonfim.
5	OFF: mostra Ricardo Pessoa em uma área externa, acompanhado por policiais, próximo a uma viatura da Polícia Federal. 	↓Alguns nomes que aparecem nos documentos, já tinham sido citados por Ricardo Pessoa, mas agora ele dá mais detalhes.	VOZ: Camila Bonfim.

"DELATOR APRESENTA DOCUMENTOS DO PAGAMENTO DE PROPINA A POLÍTICOS"

PLANO	DIMENSÃO VISUAL	DIMENSÃO VERBAL	DIMENSÃO SONORA
6	OFF: vê-se imagens de José Dirceu caminhando na rua ao lado do seu advogado, saindo de um portão, sorrindo.  José Dirceu sai de um carro e é acompanhado por jornalistas na rua. 	É o caso do ex-ministro José Dirceu. ↑A consultoria dele recebeu cerca de três milhões de reais da UTC, parte do dinheiro, enquanto Dirceu estava preso, <condenado> no mensalão do PT.	voz: Camila Bonfim.
7	FOCO SELETIVO: trechos de um texto são focalizados em destaque, enquanto outros trechos aparecem desfocados. 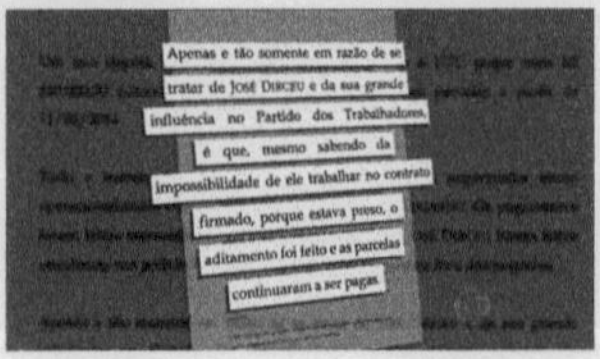 	↑Ricardo Pessoa diz. "apenas e tão somente em razão de se tratar de José Dirceu. e da sua grande influência no Partido dos Trabalhadores, é que mesmo sabendo da impossibilidade. de ele trabalhar no contrato firmado, porque ele estava <preso>, o aditamento foi feito. e as parcelas <continuaram> a ser pagas". ↑E que a pedido do ex-ministro, fez doação de 100 mil reais, em 2010, à campanha do filho de Dirceu à ↓Câmara dos Deputados. ↓Para o senador Ciro Nogueira, do PP, diz que tratou da entrega de dois milhões de reais, ↑e que parte, um milhão e quatrocentos mil reais, foi feita pelo doleiro <Alberto Youssef>.	voz: Camila Bonfim.

"DELATOR APRESENTA DOCUMENTOS DO PAGAMENTO DE PROPINA A POLÍTICOS"

PLANO	DIMENSÃO VISUAL	DIMENSÃO VERBAL	DIMENSÃO SONORA
8	OFF: mostra João Vaccari Neto, com as duas mãos para trás, sendo conduzido por policiais federais (Japonês). 	O nome do ex-tesoureiro do PT João Vaccari, aparece numa o:utra >tabela< ↑que o empreiteiro ↓descreve como	VOZ: Camila Bonfim.
9	FOCO SELETIVO: trechos de um texto são focalizados em destaque, enquanto outros trechos aparecem desfocados. 	<controle da conta corrente Vaccari>. ↓mostrando saques que Vaccari teria feito, em uma conta da UTC. ↓Ele apresentou também o controle sobre os repasses ao <PT>. A lista é de pagamentos de 2006. a 2014, ↑totalizando dezesseis milhões e seiscentos mil reais. ↑O empreiteiro explica a tabela. conta_corrente pagamentos ao PT, feitos diretamente na conta do partido. <desvinculado> da época de campanha, e que <igualmente> tinha relação com os pagamentos da Petrobras.	VOZ: Camila Bonfim.
10	OFF: mostra Ricardo Pessoa acompanhado por policiais federais. 	Ricardo Pessoa <também> disse que houve pagamentos para o PP. Partido Progressista. ↑Segundo ele	VOZ: Camila Bonfim.

"DELATOR APRESENTA DOCUMENTOS DO PAGAMENTO DE PROPINA A POLÍTICOS"

PLANO	DIMENSÃO VISUAL	DIMENSÃO VERBAL	DIMENSÃO SONORA
11	OFF/CONTRAPICADO: mostra a o edifício da Petrobras visto de baixo para cima. 	porque era cobrado, e não queria ter dificuldades nos contratos com a >Petrobras<.	VOZ: Camila Bonfim.
12	OFF: Dilma Rousseff e Michel Temer aparecem em um carro palanque cercado por muitas pessoas. 	A:lém dos partidos, os documentos mostram doações para campanhas.	VOZ: Camila Bonfim. Ovação (público).
13	FOCO SELETIVO: trechos de um texto são focalizados em destaque, enquanto outros trechos aparecem desfocados. 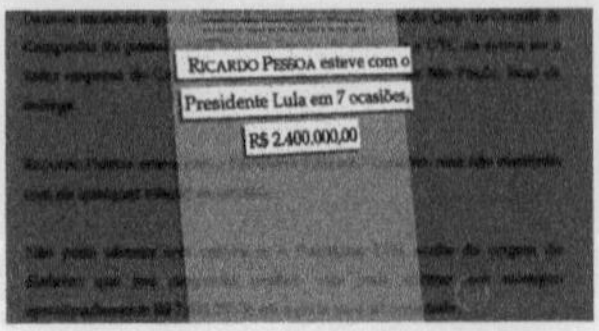	Essa tabela tem os dados para a doação à campanha de reeleição da presidente Dilma. ↑e o contato de Manoel Araújo. Hoje ele é chefe de gabinete do ministro Edinho Silva, que era o <tesoureiro> da campanha. Sobre o ex-presidente Lula, ↑Ricardo Pessoa disse que se encontrou com ele sete vezes e que entregou dinheiro >vivo para campanha<. dois milhões e quatrocentos MIL reais. ↓mas disse que não pode afirmar se Lula <soube> da origem ilícita do dinheiro.	VOZ: Camila Bonfim.

"DELATOR APRESENTA DOCUMENTOS DO PAGAMENTO DE PROPINA A POLÍTICOS"

PLANO	DIMENSÃO VISUAL	DIMENSÃO VERBAL	DIMENSÃO SONORA
14	OFF: repete a imagem do plano 9, quando Ricardo Pessoa aparece acompanhado por policiais federais. 	Pessoa citou ainda nomes de políticos que ainda não estão sendo investigados na Lava Jato.	VOZ: Camila Bonfim.
15	FOCO SELETIVO: trechos de um texto são focalizados em destaque, enquanto outros trechos aparecem desfocados. 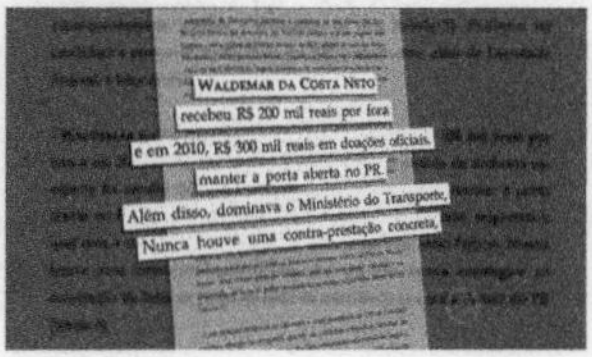 	Ele contou que Valdemar Costa Neto, condenado no mensalão do PT, recebeu duzentos mil reais por fora. e trezentos mil reais. em doações oficiais. Tudo para manter as portas abertas com o <PR>, que dominava o Ministério dos Transportes. Segundo ele, nunca houve contraprestação concreta.	VOZ: Camila Bonfim.
16	PLANO PRÓXIMO: enquadra Renata Vasconcellos. 	O ministro da Comunicação Social, Edinho Silva, que foi tisoureiro da campanha de reeleição da presidente Dilma, disse que todas as doações foram feitas de acordo com a legislação eleitoral. Ele disse ainda que Manoel Araújo, citado por Ricardo Pessoa, era o responsável pela parte burocrática das doações.	VOZ: Renata Vasconcellos.

“DELATOR APRESENTA DOCUMENTOS DO PAGAMENTO DE PROPINA A POLÍTICOS”

PLANO	DIMENSÃO VISUAL	DIMENSÃO VERBAL	DIMENSÃO SONORA
17	PLANO PRÓXIMO: enquadra William Bonner. Bonner movimenta a cabeça em sinal de negativo.  Bonner eleva as sobrancelhas e tenciona os cantos dos lábios para baixo. 	A: assessoria do ex-presidente Lula declarou que ↑não tem conhe:cimento? dos documentos citados, que considera que houve vazamento <seleti:vo> e talvez ilegal. e que por isso, não ↓vai se manifestar.	VOZ: William Bonner.
18	PLANO PRÓXIMO: enquadra Renata Vasconcellos. 	A defesa do ex-tesoureiro do PT João Vaccari disse que fazia parte das atribuições dele pedir dinheiro pro partido, mas que os pedidos eram sempre para doações legais e informadas às autoridades.	VOZ: Renata Vasconcellos.
19	PLANO PRÓXIMO: enquadra William Bonner. 	Valdemar Costa Neto ↓não quis se manifestar.	VOZ: William Bonner.

"DELATOR APRESENTA DOCUMENTOS DO PAGAMENTO DE PROPINA A POLÍTICOS"

PLANO	DIMENSÃO VISUAL	DIMENSÃO VERBAL	DIMENSÃO SONORA
20	PLANO PRÓXIMO: enquadra Renata Vasconcellos. 	O PT e o PP informaram que só receberam doações legais e que elas foram <declaradas> à Justiça Eleitoral.	VOZ: Renata Vasconcellos.
21	PLANO PRÓXIMO: enquadra William Bonner. 	O senador Ciro Nogueira, do PP, disse que não recebeu doações da UTC. E que confia na Justiça para que a verdade seja ↓revelada.	VOZ: William Bonner.
22	PLANO PRÓXIMO: enquadra Renata Vasconcellos. 	A defesa de José Dirceu negou que o ex-ministro tenha recebido pagamentos ilícitos. Disse que ele prestou serviços para a UTC e que a cópia dos contratos e das notas fiscais foram encaminhadas para Justiça do praná do Paraná em janeiro. A defesa do ex-ministro também negou o pedido de doação para a campanha do filho de José Dirceu.	VOZ: Renata Vasconcellos.

Na chamada para o editorial de 03/07/2015, Renata Vasconcellos anunciou: "Hoje, no Jornal Nacional, você vai ver as novida:des na Operação Lava Jato. A delação de Ricardo Pessoa aponta <novos nomes de políticos> que teriam recebido propina da corrupção na Petrobras". Assim, a matéria "Delator apresenta documentos do pagamento de propina a políticos" é apresentada sob a proposta de comunicar o encaminhamento das investigações para a esfera política após a apresentação de "documentos do pagamento de propina a <políticos>" (plano 1).

Conforme transcrito no plano 1, a matéria tem início com Renata Vasconcellos enquadrada em plano médio frontal. Ao fundo, a projeção metafórica de um oleoduto associado ao símbolo da Petrobras e à tubulação de esgoto que despeja um fluxo de várias notas de R$ 100,00 completa o cenário da notícia do pagamento de propina a políticos.

Nesse enquadre, a metáfora do esgoto projetada pela conexão semiótica entre os dutos, o dinheiro e a Petrobras indexa uma deterioração da estatal brasileira. A empresa, assim, é posicionada como uma organização destituída do seu status de relevância para o desenvolvimento econômico do país, sendo projetada como uma instituição vinculada à sujeira, ao esgoto e à depreciação do dinheiro público. Dessa forma, o enquadramento, ideologicamente produzido, projeta, para as audiências, o cenário de uma empresa degradada pela corrupção.

Em seguida, a notícia segue com a reportagem de Camila Bonfim, que, de Curitiba, apresenta o que chamou de "novos rumos na investigação" (plano 3). A reportagem parte de uma narrativa de autoridade, trazendo documentos apresentados à PF em foco seletivo, de modo a demonstrar a "realidade" da delação transmitida. Coloca-se em jogo uma poderosa engenharia semiótica na produção de legitimidade para o que está sendo noticiado. Tecnologias de verdade, como tabelas, também são utilizadas para informar a relação das delações com políticos ("a maioria das informações diz respeito a políticos" – plano 3).

Daí em diante, o que se vê é uma associação desproporcional através da qual o PT recebe protagonismo na reportagem que se propõe a noticiar a delação que, de acordo com o jornal Estadão, implica um total de 15 partidos. Dentre eles, "os principais partidos da base aliada e também da oposição: DEM, PMDB, PP, PPS, PR, PSC, PSDB, PC do B, PV, PDT, PTB e até o nanico PRTB" (ESTADÃO, 2015). Ou seja, dos 15 partidos implicados na delação, o JN mencionou três e exibiu 14 em foco seletivo, conforme transcrição do plano 4, sem referência aos mesmos na dimensão verbal.

Em cinco minutos de matéria, o PT foi citado sete vezes, o PP foi mencionado quatro vezes e o PR, uma. O que indica uma associação numérica evidentemente desproporcional. Repasses ao PT ("chegando a um total de R$ 16.000.600,00") foram contabilizados e noticiados com o auxílio da imagem da tabela entregue à PF em foco seletivo, conforme transcrito no plano 9. Os repasses aos demais partidos citados não foram mencionados. Observa-se, portanto, uma reificação da participação do PT e de seus membros a partir de uma associação desproporcional que valoriza o envolvimento do Partido dos Trabalhadores e poupa os demais partidos envolvidos. Engajadas na produção desse movimento discursivo, as matérias tornam o PT um ícone da Operação Lava Jato, isto é, um elemento que, pela repetição, se conecta automaticamente a uma imagem social, nesse caso, a da corrupção. O processo de iconização, como apontam Irvine e Gal (2000), gera o que chamamos de apagamento, visto que ele só é possível a partir do momento em que se subtrai aquilo que pode ameaçar o discurso que está sendo construído de forma ideológica. Desse modo, há uma neutralização da participação dos demais partidos que, não sendo explorados à exaustão, acabam tendo suas imagens preservadas nessa cartografia comunicável que nos interpela a partir de uma associação direta do PT ao escândalo de corrupção na Petrobras. Conforme transcrito nos planos 5 e 6, ao se referir aos nomes que já haviam sido citados por Ricardo Pessoa e voltaram a ser mencionados com "mais detalhes", Bonfim seleciona o "caso do ex-ministro José Dirceu" (plano 6), associando sua fala a imagens de José Dirceu na tela. Nessa dinâmica, a repórter aceita o discurso do delator, Ricardo Pessoa, como verdade e afirma que "↑A consultoria dele recebeu cerca de três milhões de reais da UTC" (plano 6). Enquanto a fala de Camila Bonfim é percebida em off, José Dirceu aparece sorrindo na imagem em plano americano[40]. Essa modalidade de imagem, que tem como característica levar o telespectador a participar da cena projetada, somada à fala do recebimento de R$ 3.000.000,00 em propina, opera um modo de interpelação que sugere impunidade e satisfação por parte do personagem destacado. Um político "<condenado> no mensalão do PT"

---

[40] O plano americano (enquadramento dos joelhos até a cabeça) foi, primeiramente, utilizado nos filmes de "Velho Oeste", pois era necessário mostrar o coldre das armas. De acordo com o cinegrafista Alexandre Sampaio, quando estamos em pé, conversando com alguém, vemos esse alguém em plano americano. E é, por isso, que este plano tende a ser usado para passar ao telespectador a ideia de que ele está participando da cena.

que, mesmo “preso”, continuou recebendo o valor da propina por “sua grande influência no Partido dos Trabalhadores” (planos 6 e 7).

Além de José Dirceu, a repórter destacou o envolvimento do filho de Dirceu; do senador Ciro Nogueira, do PP; do doleiro Alberto Youssef; do ex tesoureiro do PT João Vaccari Netto; e de Dilma Rousseff, Lula, Valdemar Costa Netto, condenado no Mensalão do PT, e Manoel Araújo, “chefe de gabinete do ministro Edinho Silva, que era tesoureiro da campanha” de Dilma em 2014. Destes, os únicos a serem retratados em imagem foram João Vaccari Netto e Dilma Rousseff. Ambos em off, com áudio da repórter Camila Bonfim, como observado com José Dirceu.

Assim como José Dirceu, Dilma aparece sorridente, em campanha, ao passo que Camila Bonfim informa que “A:lém dos partidos, os documentos mostram doações para campanhas” (plano 12). O destaque dado ao ex-presidente Lula foi acompanhado por trechos dos documentos analisados pela Polícia Federal ampliados em foco seletivo enquanto Camila Bonfim informava que o delator declarou ter se encontrado com Lula “sete vezes”, tendo lhe entregado R$ 2.000.400,00 para a campanha. Ideologicamente, a partir dos recursos semióticos, o Jornal Nacional projeta diferenciações que, por meio da linguagem, “enquadram seus entendimentos [...] e mapeiam essas compreensões em pessoas, eventos e atividades que são significativas para eles” (IRVINE; GAL, 2000, p. 35). Nesse caso, parecia ser significativa a ênfase nos indícios que vinculassem as figuras do PT e de seus representantes políticos – com maior ênfase no maior líder do partido, Lula – às investigações.

Após o destaque dado a José Dirceu, acompanhado da referência ao seu filho e ao doleiro Youssef, surge, na notícia, a primeira menção a outro partido que não o PT, quando Camila Bonfim menciona “Miro Teixeira, do PP”, em uma fala com oito segundos de duração e sem a projeção de imagens do então deputado do Partido Progressista. A outra menção ocorre no plano 9, quando a repórter informa que Ricardo Pessoa “disse” que também “houve pagamentos ao PP”. Tal informação, além de comunicada a partir de uma ótica construída pelo distanciamento seletivo do discurso do delator (“disse que”), é seguida pela explicação de que, “segundo ele”, os pagamentos ao PP eram feitos porque ele era cobrado. Nesse momento da notícia, nenhum membro do PP é citado ou aparece no vídeo. Ao contrário, a imagem exibida é de Ricardo Pessoa acompanhado por policiais federais.

Ao término da reportagem de Camila Bonfim, a notícia volta ao enquadramento do estúdio de gravação do JN, de onde Renata Vasconcellos e William Bonner informam o que os citados na matéria apresentaram como resposta. Esse ponto compreende sete dos 22 planos transcritos. E dos sete planos dedicados ao que dizem os citados, seis são associados ao PT.

No plano 17, ao relatar o que a "assessoria do ex-presidente Lula declarou", Bonner ascende a entonação ao dizer que a mesma "que ↑não tem conhe:cimento? dos documentos citados", como quem questiona a informação noticiada. Em seguida, relatando a possibilidade de vazamento "<seleti:vo> e talvez ilegal" levantada, ele articula o advérbio de dúvida "talvez" a um movimento de elevação das sobrancelhas e descenso nos cantos dos lábios, compondo uma expressão facial que também sugere incerteza, e questiona: será que o ex-presidente não tem conhecimento mesmo?

Com esse tom de dúvida, que se repete no plano final da matéria, a notícia chega ao fim após trazer uma exposição desproporcional através da qual a subjetividade do Partido dos Trabalhadores é construída a partir de imagens de pessoas algemadas, escoltadas pela polícia, apropriando-se de recursos públicos e sorrindo. A Petrobras aparece imponente em ângulo contrapicado, sugerindo a superioridade, a grandeza e a nobreza de quem está acima do nível dos olhos de quem a vê. Esses enquadramentos semióticos sugerem uma relação de causa e efeito, através da qual a prisão de membros do PT resultaria no fortalecimento da estatal. Por outro lado, o PP e o PR não foram apresentados com imagens associadas. Nesse movimento, a Petrobras é retratada nos termos da sua potência nacional, o PP e o PR não recebem destaque e o PT é posicionado como o partido mais citado e mais beneficiado pelo esquema de corrupção instaurado na Petrobras, recrutado, assim, como uma organização criminosa responsável pelo dano à estatal.

Não se pode afirmar qual foi o critério utilizado para a seleção dos políticos citados na delação a serem exibidos em imagens, mas, como visto na transcrição, apenas pessoas relacionadas ao PT tiveram suas imagens exploradas. No entanto, entendo que nenhum movimento discursivo é neutro, ou seja, os usos linguísticos-discursivos são sempre atravessados por questões ideológicas. Ao optar por esse tipo de enquadramento e iconização do PT na Operação Lava Jato, o Jornal Nacional coloca em jogo crenças que orientam as decisões editoriais do telejornal. Como aponta Gal e Irvine

(2000, p. 35), "chamamos esses esquemas conceituais de ideologias porque estão impregnados das questões políticas e morais que permeiam o campo sociolinguístico particular e estão sujeitos aos interesses da posição social de seus portadores". Nesse sentido, as cartografias comunicáveis produzidas pelo JN nas notícias relacionadas ao escândalo da Petrobras construíram uma iconização capaz de vincular a corrupção investigada pela Operação Lava Jato ao Partido dos Trabalhadores.

A diária repetição dessa projeção produziu efeitos que passaram a integrar a memória política brasileira. Ainda em circulação no arsenal semiótico político nacional, um exemplo do êxito comunicável da metáfora do esgoto pode ser observado na série de entrevistas com os presidenciáveis de 2022, quando Jair Messias Bolsonaro – então candidato à reeleição –, ao ser questionado sobre os casos de corrupção em seu governo, se limitou a responder: "Cadê o duto do dinheiro vazando ali? Cadê o dinheiro? [...] Estamos num governo sem corrupção". Grosso modo, no sentido da naturalização da corrupção atribuída ao PT por meio da metáfora do esgoto, é possível dizer que essa comunicabilidade foi tão eficiente que, na lógica de Bolsonaro (e possivelmente de seus eleitores), se não existirem notícias transmitidas pelo Jornal Nacional com dutos de esgoto e cédulas de dinheiro vinculadas ao governo, é possível afirmar que não há corrupção no governo em questão.

O PEDIDO DE IMPEACHMENT

Avançando para a esfera política, a Operação Lava Jato expôs políticos de diversos partidos, entre governistas e oposição. Até agosto de 2016, dos 594 membros do Congresso, 352 eram acusados ou condenados por envolvimento com crimes de corrupção, lavagem de dinheiro, caixa dois, recepção ilícita de dinheiro da JBS, entre outras acusações. Nessa lista encontram-se políticos de vários partidos e perfis, incluindo o então presidente da Câmara dos Deputados, Eduardo Cunha (PMDB-RJ), que liderou o processo de impeachment, sendo acusado de perjúrio e corrupção.

Na sétima fase da operação, apelidada de "Juízo final", o deputado Eduardo Cunha (PMDB-RJ) foi apontado como beneficiário do esquema de corrupção na Petrobras. Dados enviados pela Suíça à Procuradoria-Geral da República (PGR) comprovaram que o deputado era titular de quatro contas bancárias secretas no país. De acordo com delações, Cunha teria recebido R$ 1,3 milhão de propina por um contrato de exploração de petróleo em Benin, na África e, pelo menos R$ 5 milhões em propina por contratos de aluguel de navios-sonda pela estatal.

Além da investigação no STF, Cunha também era investigado pela Comissão de Ética da Câmara dos Deputados, que julgava a cassação do seu mandato por quebra de decoro parlamentar ao mentir em depoimento à CPI da Petrobras, quando negou que tivesse contas no exterior, em março de 2015. Para impedir a continuidade do processo de cassação, Cunha contava com o apoio dos três deputados do PT que integravam o Conselho de Ética, que reúne um total de 21 deputados federais. No entanto, o PT decidiu votar pela continuidade da investigação, conforme noticiou o JN de 01/12/2015: "O presidente do PT, Rui Falcão, pediu aos petistas que votem **contra** Cunha", mantendo, assim, a investigação contra o presidente da Câmara (JN, 01/12/2015, grifo meu).

A esse respeito, a edição de 02/12/2015 do jornal Folha de S. Paulo salientou que a mudança de posição dos petistas tinha um potencial explosivo no Congresso e que o presidente da Câmara ameaçava "deflagrar o processo de impeachment contra Dilma Rousseff em retaliação, além de mobilizar seus aliados para boicotar a pauta econômica que o governo pretend[ia] aprovar" (BRAGON; URIBE, 2015) – algo que acabou se confirmando, conforme o livro publicado por Eduardo Cunha, como comentei nas palavras iniciais deste livro.

Eduardo Cunha e o pedido do dito impeachment tambéforam destaques no Jornal Nacional de 02/12/2015, que abriu a série de notícias do dia, anunciando que o presidente da Câmara dos Deputados havia aceitado o pedido de impeachment contra Dilma Rousseff, como podemos ver na transcrição seguinte.

"CUNHA AUTORIZA ABERTURA DE PROCESSO DE IMPEACHMENT CONTRA DILMA"

PLANO	DIMENSÃO VISUAL	DIMENSÃO VERBAL	DIMENSÃO SONORA
1	Plano médio frontal: Mostra Renata Vasconcellos, sentada por trás da bancada do JN, segurando uma caneta com a mão direita e um papel com a mão esquerda. Ao fundo, a equipe de redação do jornal e um cenário em tons de azul, projetando o símbolo do JN. Vasconcellos levanta as sobrancelhas e gesticula com a mão direita enquanto fala. 	Uma decisão do <presidente da Câmara>, Eduardo Cunha, mexeu com o cenário político do país. No início da noite, ele anunciou que aceitou o pedido de abertu:ra de processo de impeachment contra a presidente Dilma Rousseff. >	voz: Renata Vasconcellos.
2	Plano conjunto: sentada ao lado do âncora Heraldo Pereira, Renata Vasconcellos levanta-se da bancada e desloca-se em direção a um telão e interage com o repórter Júlio Mosquéra, que aparece em plano médio no telão.  	Por isso nós começamos essa edição do Jornal Nacional indo direto até Brasília conversar com o repórter Júlio Mosquéra<. Boa no:ite, Júlio. Quais foram os argume:ntos do presidente da câ:mara, Eduardo Cunha, para aceitá o pedido? Boa noite, Renata. Boa noite, Hera- Heraldo. Boa noite a todos que nos assistem.	voz: Renata Vasconcellos. voz: Júlio Mosquéra.

"CUNHA AUTORIZA ABERTURA DE PROCESSO DE IMPEACHMENT CONTRA DILMA"

PLANO	DIMENSÃO VISUAL	DIMENSÃO VERBAL	DIMENSÃO SONORA
3	PLANO MÉDIO FRONTAL: mostra Júlio Mosquéra em "Brasília", à noite ("ao vivo"), falando com um microfone na mão direita e um papel na mão esquerda, que gesticula em movimentos circulares à medida que fala.	O:> presidente da Câmara, Eduardo Cunha, < <disse que> autorizou a abertura do processo por que con-cor-dou com os argumentos de que ↑é pre-ci:so iniciar uma investigação. sobre irregularidades que estariam e:: a- a- a:	voz: Júlio Mosquéra.
	Mosquéra tira o fone do ouvido esquerdo. 	atacando a- e::	
	Mosquéra volta-se para o papel que segurava com a mão esquerda e procede à leitura. A mão que segura o papel treme. 	sobre irregularidade constitu- > sobre os argumentos devem ser investigados sobre le- seis decretos foram publicados pelo governo <neste ano de 2015 que aumentaram despesas sem autorização do governo.>	
	Mosquéra passa o microfone para a mão esquerda e, com a mão direita, retira o fone do ouvido direito. 	São decretos de liberação de recursos para vá:rias áreas do governo. Cunha informou que esses decretos somam 2 bilhões e meio de reais. Para o presidente da Câmara, a edição dos decretos não numerados des-res-pe:i-ta a lei orçamentaria e configura crime de responsabilidade.	

"CUNHA AUTORIZA ABERTURA DE PROCESSO DE IMPEACHMENT CONTRA DILMA"

PLANO	DIMENSÃO VISUAL	DIMENSÃO VERBAL	DIMENSÃO SONORA
3	Mosquéra volta a falar sem o apoio da leitura. 	↑Ele sustenta que, mesmo com a aprovação do projeto de revisão da meta fiscal hoje pelo cong- pelo <plenário do congresso>, nada muda.	voz: Júlio Mosquéra.
	Mosquéra alterna leitura e fala. Mosquéra desvia o olhar da câmera e olha para o lado esquerdo da mesma, inclinando a cabeça para o lado esquerdo. Mosquéra começa a piscar de forma acelerada.	A realidade não muda por-que? segundo disse na decisão, o Executi:vo administrou o orçamento de 2015 como se houvesse superávit, enquanto há uma estimativa de déficit de <100-bilhões-de-reais>.	
	Mosquéra alterna leitura e fala. Mosquéra balança a cabeça para cima e para baixo, num movimento afirmativo.	Eduardo Cunha aceitou o pedido assinado pelos juristas Helio Bicudo, ex-deputado federal do PT e Miguel Realegit Junior, ex-ministro da Justiça do governo Fernando Henrique Cardoso, e pe-la advogada Janaína Pascual. O pedido teve o apoio for:mal dos partidos de o-posição: Democratas, PSDB e PPS.	
	Mosquéra volta a falar sem ler. Mosquéra gesticula com a mão esquerda.	Cunha disse, que a decisão dele foi EXCLUSIVAMENTE <de natureza> técnica.	
	Inclina a cabeça para o lado esquerdo. Mosquéra fecha os olhos e acena com a cabeça para baixo. LEGENDA: "Júlio Mosquéra, Brasília".		

“CUNHA AUTORIZA ABERTURA DE PROCESSO DE IMPEACHMENT CONTRA DILMA”

PLANO	DIMENSÃO VISUAL	DIMENSÃO VERBAL	DIMENSÃO SONORA
4	PLANO CONJUNTO: vê-se Renata Vasconcellos em frente ao telão que, no estúdio do JN, projeta um vídeo em que Eduardo Cunha aparece cercado por microfones e jornalistas de origens diversas.  LEGENDA: “Brasília”.	↑A mim, <não tem nenhuma felicidade	VOZ: Eduardo Cunha.
5	PLANO MÉDIO FRONTAL: a câmera enquadra o rosto de Eduardo Cunha, falando aos jornalistas. Ao menos oito microfones aparecem à frente do seu rosto.  Flashes de máquina fotográfica são vistos.	de ↓praticar esse ato>... É:: e não o faço por nenhuma motivação de natureza po-lí-tica. É: eu- como disse aqui anteriormente, refutei, re- rejeitei todos e o <rejeitaria se estivesse em> descumprimento da lei. Mas, ↑ <infelizmente, por mais que eu tentasse... buscar qualquer caminho de interpretação e por todos os pareceres que chegaram até a mim pela consultoria legislativa, pela ↓ assessoria jurídica e por terceiros, as quais eu consultei, ↑ não consegui encontrar um que <con-se-guisse me- des-mon-tar a tese> a qual tá sendo aceita hoje.	VOZ: Eduardo Cunha. Vozes ao fundo.

"CUNHA AUTORIZA ABERTURA DE PROCESSO DE IMPEACHMENT CONTRA DILMA"

PLANO	DIMENSÃO VISUAL	DIMENSÃO VERBAL	DIMENSÃO SONORA
6	PLANO MÉDIO FRONTAL: câmera enquadra Júlio Mosquéra. Na extremidade inferior esquerda da tela vê-se o símbolo: "ao vivo". Na legenda: "Brasília". Mosquéra fecha os olhos e acena com a cabeça para frente. Mosquéra pressiona os lábios e suas pálpebras são levemente direcionadas para baixo. 	Pelas redes sociais, o presidente Eduardo Cunha <disse que> tomou a decisão porque estava <atendendo a um apelo> das ruas. Renata, Eraldo.	VOZ: Júlio Mosquéra. Vozes ao fundo.
7	PLANO MÉDIO: a câmera enquadra Renata Vasconcellos em plano aberto, fecha para o plano médio, e Vasconcellos olha para a câmera que mostrava o plano aberto. A câmera volta, então, para o plano geral e a apresentadora olha para a câmera que estava enquadrando o plano médio.  	Júlio Mosquéra com as informações ao vivo sobre os argumen:tos do presidente da câmara pra abertura do >pedido de processo de impe:achment< contra a presidente Dilma Rousseff-	VOZ: Renata Vasconcellos.

A matéria de abertura do JN de 02/12/2015 intriga e nos convida à reflexão à medida que a designação "impeachment" é selecionada para nomear a possível deposição da presidenta recém-eleita, sem que fossem considerados todos os aspectos da notícia, como sugerem as regras básicas do jornalismo. Afinal, tratava-se de um processo contra o governo do PT que foi instaurado por Eduardo Cunha, horas após este político – investigado por corrupção na ocasião – ter perdido o apoio do partido no processo político que julgava a cassação de seu mandato.

No entanto, a "decisão" pela aceitação do processo contra a então presidenta foi transmitida como impeachment sem questionamentos acerca desse fato. Assim, a matéria em que Cunha é apontado como suspeito de "ter mentido à CPI da Petrobras, em março, quando disse que não tinha contas no exterior" (JN, 01/12/2015) foi apagada da notícia de 02/12/2015, que comunicou a "decisão do presidente da Câmara" que "anunciou que aceitou o pedido de abertu:ra de processo de impeachment contra a presidente Dilma Rousseff" (plano 1).

A introdução apresentada por Renata Vasconcellos, além de não trazer elementos que remontem, em algum aspecto, ao envolvimento de Cunha em escândalos de corrupção, é construída com base em uma narrativização que enfatiza e invoca a legitimação do cargo exercido por Eduardo Cunha, de forma a ratificar apenas sua autoridade enquanto presidente da Câmara dos Deputados, operando à legitimação do deputado. Ao destacar o cargo ocupado por Eduardo Cunha, antes mesmo de encaminhar a informação propriamente dita, Renata Vasconcellos se encarrega de reivindicar todo o status de autoridade política conferida ao responsável pela ordem na Câmara legislativa para que, só então, fosse noticiada a "decisão" que "mexeu com o cenário político do país". Tal referenciação não apenas atribui a Cunha uma subjetividade incompatível com as últimas notícias do próprio editorial a seu respeito, como o transforma no político "confiável" que recebeu a difícil missão de decidir sobre o futuro de um país em crise, aceitando o "pedido de abertu:ra de processo de impeachment contra a presidente Dilma Rousseff". Nessa dinâmica, apesar das informações já conhecidas sobre o envolvimento de Eduardo Cunha em escândalos de corrupção, na transmissão da admissibilidade do pedido de "impeachment" Cunha é iconizado, ou seja, conectado automaticamente pela repetição a uma imagem social, nesse caso a de “presidente da Câmara”, o que gera um apagamento das condutas que o projetariam como “corrupto”.

Tal como indicado na transcrição, sob uma atmosfera de tensão, a projeção inicial da notícia anuncia um acontecimento que “mexeu com o cenário político no país”. Como de costume, Renata Vasconcellos inicia a apresentação da notícia sentada à bancada do JN, mas desloca-se em direção a um telão, “indo direto até Brasília conversar com o repórter Júlio Mosquéra”. Nessa dinâmica, com fala e passo acelerados, a apresentadora se encaminha para o telão que, a partir do estúdio, com a chamada em tempo real (ao vivo), interage com o repórter Júlio Mosquéra, em Brasília.

Segundo Bonner (2009), para atender à necessidade de verificação das informações e atuar com correção, o JN tem preferência por transmissões em forma de VT. No entanto, transmissões ao vivo são admitidas em situações “bem específicas” como um recurso necessário à cobertura de fatos relevantes que ainda não tenham sido aprofundados por falta de tempo. Assim, como o anúncio relatado foi feito “no início da noite”, o recurso ‘ao vivo’ foi utilizado.

De acordo com Bucci (2008, p. 404), o ao vivo[41] é o índice de verdade e realidade. Nesse sentido, esse movimento de ida até Brasília não apenas reivindica uma espécie de autoridade de verdade indiciada pela comunicação em tempo real, como projeta o comprometimento do JN com a transmissão de uma notícia de tamanha relevância in loco, atualizando o ostentado discurso do “padrão Globo de jornalismo”[42],

No plano 2, enquadrada em plano aberto de frente para o telão que apresenta o repórter Júlio Mosquéra em Brasília, Renata Vasconcellos volta a enfatizar o cargo exercido por Eduardo Cunha ao perguntar “quais foram os argume:ntos do presidente da câ:mara, Eduardo Cunha, para aceitá o pedido?”. O turno é, então, passado à tomada externa em que o repórter

---

41 Para o autor, a possibilidade de comunicação ao vivo altera o padrão da comunicação como um todo. Ele afirma que a imagem ao vivo pode ser marcante ou irrelevante, “mas o padrão de comunicação que institui a imagem ao vivo é perene: é o altar da verdade factual possível, o seu plano mais alto e irrecorrigível de registro”.

42 Mais detalhes sobre os “princípios editoriais do Grupo Globo” encontram-se disponíveis em: http://g1.globo.com/principios-editoriais-do-grupo-globo.html#diante-das-fontes. Acesso em: 21/10/2022.

Júlio Mosquéra aparece posicionado em frente ao Palácio do Planalto, numa dinâmica de garantia da credibilidade da informação apurada in loco e ao vivo.

Em resposta à pergunta de Vasconcellos a respeito dos motivos pelos quais o pedido de impeachment foi aceito, Mosquéra entextualizou em sua fala a voz de Eduardo Cunha, através do relato indireto do parecer apresentado pelo mesmo, enfatizando as acusações de má administração ("como se houvesse superávit, enquanto [havia] uma estimativa de déficit de <100-bilhões-de-reais>"), as irregularidades (e:: sobre irregularidade constitu- >sobre os argumentos devem ser investigados sobre le- seis decretos foram publicados pelo governo <neste ano de 2015 que aumentaram despesas sem autorização do governo.>), valores desviados (2 bilhões e meio de reais - linha 20) e a consequente aceitação do pedido que teria ocorrido "EXCLUSIVAMENTE" por "<de natureza> técnica". Através da invocação dessa cadeia lógica de razões que justificam o fato narrado, a narrativa de Mosquéra encaminha-se para a legitimação da aceitação do pedido de impeachment. Além disso, o movimento de entextualização, ao repetir os argumentos de Eduardo Cunha logo após a exibição da sua fala, expande a comunicabilidade do próprio Cunha, projetando para as audiências uma espécie de amplificação das justificativas apresentadas pelo ex-deputado. O que, por sua vez, contribui para o processo de naturalização da narrativa da legalidade do impeachment comunicado.

Visivelmente desconfortável, após retirar o fone de ouvido, piscando os olhos de modo acelerado e lendo as informações rascunhadas, Mosquéra movimentou a cabeça para baixo num movimento de sinal afirmativo em dois momentos dessa fala. O primeiro foi ao afirmar que "nada muda" o desrespeito à meta fiscal praticado pelo governo Dilma. O outro momento foi quando o repórter informou que a "decisão dele [Eduardo Cunha] foi EXCLUSIVAMENTE <de natureza> técnica".

Após a tomada externa que se ocupou de trazer a público o parecer e os argumentos apresentados pelo "presidente da Câmara" diretamente de Brasília, foi a vez de o próprio Cunha argumentar sobre sua "decisão". Com a palavra, a mesma que não foi ofertada ao outro lado envolvido, Cunha, primeiramente, antecipou sua defesa à possível e até esperada acusação de represália ao PT, afirmando não ter "nenhuma felicidade de

↓praticar esse ato>... É:: e não o faço por nenhuma motivação de natureza po-lí-tica." (plano 5). Embora as perguntas dos repórteres não tenham sido transmitidas, a resposta de Cunha indicia um questionamento sobre o que o impulsionou a aceitar o pedido de impeachment. Afinal, se processos de impeachment correspondem a um mecanismo de última instância em prol da proteção da máquina pública no regime democrático, por que o presidente da Câmara teria alguma motivação política? Havia razão para que ele precisasse justificar não ter motivação política? De qualquer forma, no trecho descrito acima, Cunha parece imaginar audiências que poderiam questionar sua ação ao aceitar o processo de impeachment, visto os últimos acontecimentos políticos. Eduardo Cunha, dessa forma, estaria operando uma "metapragmática reflexivamente calibrada, ou seja, uma tentativa de controle de interpretação de uma fala determinada em sua realização ou sua resposta" (PINTO, 2019, p. 2026).

Num segundo momento, com fala lenta e pausada, Cunha fundamenta as suas motivações, construindo uma defesa que acaba sugerindo o envolvimento do governo Dilma Rousseff em ilícitos. Conforme descrito na transcrição, a fala de Eduardo Cunha segue o mesmo encaminhamento dado à matéria, posicionando-o a partir do seu cargo político e, portanto, como a autoridade responsável pela defesa da Constituição no Congresso. Nesses termos, o então presidente da Câmara dos Deputados assevera ter aceitado o pedido de impeachment devido à sua coerência em relação à legislação. Não estando o pedido em "descumprimento da lei", a aceitação se fez inevitável.

Cunha, então, afirmou que refutou e rejeitou todos os pedidos que haviam chegado até ele até então. O que nos permite inferir que, além de terem sido muitos os pedidos encaminhados a ele até então – "todos" –, algo mudou para que ele aceitasse o pedido ora acolhido. Como o próprio instaurador do processo disse, ele "<rejeitaria se estivesse em> descumprimento da lei.". Logo, infere-se que os pedidos anteriores (que não foram aceitos) estavam em desacordo com a lei. E o que haveria de tão diferente entre os pedidos rejeitados até então e o pedido aceito após o governo retirar seu apoio ao presidente da Câmara?

Como a pergunta não foi levantada pelo telejornal, um possível debate sobre essa questão também ficou apagado da notícia que elegeu o parecer do "presidente da Câmara dos Deputados" como o único relevante para a transmissão da notícia de um possível impeachment. A não observação dos pareceres citados de forma comparativa e a exclusão da voz do outro lado envolvido restringiram a possibilidade de outras formas de observação da notícia, limitando, portanto, as possibilidades de resposta a tal interpelação. Afinal, uma simples menção ao fato de o instaurador do processo contra a presidenta estar prestes a perder seu mandato por corrupção, tendo perdido o apoio do governo no dia anterior, teria reconfigurado toda a atmosfera da cartografia projetada. Além disso, tal mecanismo constrói significados de neutralidade e isenção, visto que a matéria é produzida como se o próprio jogo interacional entre entrevistador e entrevistado não tivesse balizado a forma com a qual as respostas são formuladas.

"Por mais que eu tentasse... buscar qualquer caminho de interpretação e por todos os pareceres que chegaram até a mim pela consultoria legislativa, pela ↓ assessoria jurídica e por terceiros, as quais eu consultei, ↑ não consegui encontrar um que <con-se-guisse me- des-mon-tar a tese> a qual tá sendo aceita hoje". Ao invocar essas autoridades que teriam sido consultadas por Cunha antes da decisão de aceitar o pedido de impeachment, ele constrói a defesa da constitucionalidade do processo ora instaurado, salientando que não foi possível encontrar "um" caminho jurídico capaz de desvincular o governo das acusações realizadas.

Encerrando sua fala, num movimento de validação da constitucionalidade do processo, Cunha invoca uma série de autoridades ("consultoria legislativa, pela ↓ assessoria jurídica e por terceiros") que ele teria consultado antes de tomar sua decisão, salientando que não "conseguiu" "encontrar ↑um que <conseguisse>" desmontar a tese aceita. Selecionando o verbo "conseguir', Cunha, mais uma vez, investe no discurso de empenho em recusar o pedido, alegando que, apesar de todo esforço dedicado à busca por pareceres favoráveis ao governo, não foi possível rejeitar o pedido de impeachment. Ou seja, não foi possível encontrar "um" caminho jurídico capaz de desvincular o governo das acusações realizadas. Nenhum especialista se posicionou a favor do governo, ninguém discordou do comprometimento do governo diante das acusações.

Observa-se, assim, um pronunciamento pautado na defesa da legitimidade da instauração do processo contra o governo. Ao afirmar não ter conseguido encontrar uma autoridade jurídica contrária à legitimidade das acusações contra o governo, o então deputado acaba por insinuar que o envolvimento e a culpa do governo frente às acusações estavam tão nítidos que a aceitação do pedido se fez inevitável. Ou seja, além de se defender de uma possível acusação de ação em prol de questões pessoais, alegando ter tentado rejeitar o pedido de impeachment, Cunha imputa o governo, sugerindo um irrefutável comprometimento em ilícitos. É importante destacar que essa argumentação da inevitabilidade de instauração de processo contra Dilma foi desmentida pelo próprio Cunha ao assumir, em seu livro "Tchau, querida!", que, após perder o apoio do PT, pediu que as ditas "pedaladas fiscais" fossem incluídas no processo de impeachment como forma de criar argumentos que garantissem o aceite do pedido quando chegasse na Câmara dos Deputados. Em suas palavras: "Sabendo que o PT não iria nunca votar comigo, eu não teria outra escolha a não ser tocar o processo de impeachment antes do que esperavam" (CUNHA; CUNHA, 2021, s/p).

Ao final do pronunciamento de Cunha, seguiu-se a fala final de Júlio Mosquéra, que encerrou sua participação na matéria declarando que "pelas redes sociais, o presidente Eduardo Cunha <disse que> tomou a decisão porque estava <atendendo a um apelo> das ruas", projetando a cabeça para frente num sinal afirmativo, com uma expressão de descontentamento.

Tal consternação poderia ser tomada como avaliação negativa ou cética em relação à manifestação de Cunha nas redes sociais. No entanto, tendo em vista o destaque dado ao relatório de Cunha em rede nacional, a ênfase dada às acusações direcionadas ao governo e, principalmente, a ausência de contestação ou relatos alternativos ao parecer de Eduardo Cunha, me parece mais provável que a expressão de consternação de Mosquéra esteja atualizando um discurso de angústia com o cenário político nacional. Assim, acredito que a fala final do repórter tenha sido inserida como mais uma forma de validar o discurso de impeachment, sugerindo que a abertura do processo se fazia necessária ao país, sendo também este o desejo de toda a nação.

A entextualização da fala de Cunha constrói efeitos de significado que iconizam o impeachment como um desejo unificado de um povo brasileiro projetado como homogêneo. Esses sentidos promovem apagamentos de discursos a favor da ex-presidenta. O próprio movimento de nomear o evento político como golpe, por uma parte da sociedade, já demonstra que existiam forças de resistência, e não um povo brasileiro e uma rua homogênea e imaginada. Em outras palavras, no discurso entextualizado pelo telejornal o "povo brasileiro" teria pedido o impeachment e o "presidente da Câmara dos Deputados" estaria se encarregando de ouvir o "apelo das ruas", numa dinâmica de generalização metonímica através da qual o uso da expressão "apelo das ruas" transformou a parte de manifestantes anti-PT ("Diretas já") no todo nacional, ao passo que os manifestantes a favor do governo vigente e contra a interrupção do processo democrático foram reduzidos a militantes, petistas e lulopetistas. Observamos, assim, a construção simbólica de uma identidade coletiva que forja uma ideia de unanimidade com base na manifestação de um grupo específico.

O que mais intriga em toda a matéria é o apagamento da informação (a desinformação) e o trabalho em prol da construção de uma subjetividade tão distinta do que havia sido noticiado recentemente. Tais cartografias operaram como um modo de dominação simbólica, criando subjetividades hierarquicamente organizadas e reconfigurando a informação. Desse modo, ao destacar a notícia de seu contexto de produção, a informação é recontextualizada e, com isso, Eduardo Cunha passa de investigado por desviar milhões dos cofres públicos a político legitimado a falar em nome do cumprimento da lei.

Não obstante, ao mesmo tempo que o deputado investigado e instaurador do processo era recrutado como interlocutor qualificado e responsável pelas informações políticas do país, todas as tentativas do governo de Dilma Rousseff de questionar a real intenção do deputado, levantando a acusação de golpe, foram, mais que rapidamente, rejeitadas como manobras políticas para escapar de um processo legítimo de "impeachment", quando não totalmente apagadas. Ou seja, enquanto Cunha foi transformado em político confiável, o governo de Dilma Rousseff foi desqualificado e responsabilizado pelas ações denunciadas desde a instauração do processo contra ela.

Nesse ponto do exercício analítico a que nos propusemos aqui, entendemos que a notícia intitulada "Cunha autoriza abertura de processo de impeachment contra Dilma" poderia ser facilmente substituída por (1) "Após perder apoio do governo, Cunha decide aceitar abertura de processo de impeachment contra Dilma Rousseff"; (2) "24 horas após perder apoio do governo, Cunha decide aceitar abertura de processo de impeachment contra

Dilma Rousseff"; (3) "Investigação e vingança no planalto"; (4) "Deputado investigado instaura processo de impedimento contra a presidenta" ou por uma infinidade de opções igualmente possíveis.

Em vez disso, o que observamos foi uma cartografia comunicável pautada em apagamentos que moldaram a criação e o posicionamento de sujeitos, influenciando as posições de sujeito pretendidas e o modo de interpelação projetados. Nesse sentido, ao reivindicar a autoridade inerente aos especialistas consultados ("consultoria legislativa, assessoria jurídica e terceiros"), invocando tecnologias de verdade capazes de demonstrar a "realidade" do referente (números) ("decretos somam R$ 2,5 bilhões", "déficit de R$ 100 bilhões") sob a narrativa de atenção ao "apelo das ruas", a notícia veiculada organizou mapas morais em que a referência às "ruas" criou uma unidade simbólica representativa do todo nacional, ficando o "presidente da Câmara dos Deputados" recrutado como autoridade legitimada a atender o "apelo das ruas". Por outro lado, o governo de Dilma Rousseff foi posicionado a partir de um silenciamento que impediu a contemplação de uma narrativa alternativa ao pronunciamento do instaurador do processo contra o governo em exercício naquele momento.

Os significados evocados pelo Jornal Nacional são operados por ordens de indexicalidade que destacam o processo de impeachment como algo positivo, em detrimento de outras medidas possíveis. Tais "indexicalidades ordenadas operam dentro de grandes complexos estratificados nos quais algumas formas de semiose são sistematicamente percebidas como valiosas, outras como menos valiosas e algumas não são levadas em conta" (BLOMMAERT, 2010, p. 38). Como explica Blommaert (2010), essas valorações estão sempre investidas de regras de acesso e regulamento e, assim, ao optarem por esses padrões sistêmicos de indexicalidade, isto é, de valoração positiva do discurso defendido por Eduardo Cunha e apagamento de movimentos contrários, constroem também "padrões sistêmicos de autoridade, de controle e avaliação e, portanto, de inclusão e exclusão por outros reais ou percebidos" (p. 38).

IMPEACHMENT VS. GOLPE

Logo após a veiculação da notícia de aceitação do processo de impeachment contra Dilma Rousseff, analisada na seção anterior, iniciou-se uma sequência de notícias explicativas relacionadas ao processo de destituição do governo Dilma. Desde então, as narrativas políticas e midiáticas travaram uma disputa referencial que ainda não apresenta indícios de resolução. Em movimentos opostos, enquanto a defesa de Dilma Rousseff, alguns partidos e grande parte da mídia internacional referiam-se ao processo como "golpe", o JN, a exemplo da mídia corporativa nacional, comunicava um "impeachment", refutando a narrativa do golpe.

Os reiterados usos de "golpe" por parte de Dilma e de "impeachment" pelas (trans)mídias promovem uma guerra semiótica nas formas em que esse evento político é circulado e interpretado. A iterabilidade (DERRIDA, 1991), ou seja, a repetição-diferença de significados é a arma que melhor configura o cenário político montado. Notícias que repetidamente afirmavam a constitucionalidade do chamado "impeachment" tornaram-se recorrentes. Em 26/03/2016, o JN veiculou um vídeo em que o ministro do STF, Celso de Mello, assevera que "A figura do impeachment não pode ser reduzida meramente a figura de um Golpe de Estado (...) Porque o impeachment é um instrumento previsto na Constituição". Em movimento contrário, o discurso de golpe era constantemente desaprovado pelo telejornal. Em 24/03/2016, com apresentação de Heraldo Pereira, o Jornal Nacional anunciou: "Dilma repetiu que o processo de impeachment contra ela é golpe". Em 26/03/2016, noticiou: "O ministro defendeu a constitucionalidade do processo de impeachment. A presidenta Dilma Rousseff tem dito, repetidamente, que o processo de impeachment contra ela é um golpe". Os efeitos desses significados na vida social dependem de como eles circulam, encontram audiências e localizam-se socialmente. Dilma, nesse sentido, estava em desvantagem na possibilidade de disputa sobre os significados que circulavam, visto que seus discursos eram colocados dentro de um veículo transmidiático que utilizava impeachment como estratégia discursiva de comunicação. O discurso do golpe perdia força quando o Jornal Nacional noticiava o "impeachment" e contestava as denúncias de "golpe". Dessa forma, transmissões como as supracitadas exemplificam o embate discursivo que se constrói a partir da aceitação da narrativa de impeachment como verdade e do consequente distanciamento de cartografias alternativas. Essa forma de posicionar o cenário comunicável que noticia o impeachment ao mesmo tempo que refuta a narrativa do golpe também pode ser observada na notícia transcrita a seguir. É importante ressaltar que "quando se diz que textos, mensagens, enunciados, ideias e práticas 'viajam' ou 'circulam', eles não são fisicamente deslocados. Em vez disso, o efeito do movimento surge de uma repetição percebida das formas e, portanto, de uma aparente ligação entre encontros, eventos e até mesmo na mídia" (GAL, 2019, p. 3).

"OAB ENTREGA PEDIDO DE IMPEACHMENT NA CÂMARA DEPOIS DE MUITO TUMULTO"

PLANO	DIMENSÃO VISUAL	DIMENSÃO VERBAL	DIMENSÃO SONORA
1	PLANO MÉDIO FRONTAL / PRÓXIMO: mostra William Bonner sentado à bancada do JN. Ao seu lado, Giuliana Morrone. Ao fundo, a redação do jornal e a projeção do símbolo do JN centralizada no cenário em tons de azul. A câmera avança em direção a William Bonner. O movimento se conclui em plano próximo. Bonner levanta as sobrancelhas. Bonner levanta a sobrancelha esquerda. Bonner movimenta a cabeça para os lados rapidamente em sinal de negação. 	Manifestantes favoráveis ao governo tentaram impedir que a Ordem dos Advogados do Brasil entregasse um <novo pedido de impeachment> da presidente Dilma Rousseff, no <Congresso>. O pedido levado pelo presidente da OAB, só foi pro-to-co-lado, depois de mu:ita ↓confusão.	VOZ: William Bonner.

"OAB ENTREGA PEDIDO DE IMPEACHMENT NA CÂMARA DEPOIS DE MUITO TUMULTO"

PLANO	DIMENSÃO VISUAL	DIMENSÃO VERBAL	DIMENSÃO SONORA
2	OFF: vê-se muitas pessoas reunidas de costas para a câmera. Algumas seguram cartazes e outras erguem os braços, movimentando o antebraço para frente e para trás. 	O protesto começou longe do Salão Verde, onde as manifestações	VOZ: Júlio Mosquéra.
3	OFF /PANORÂMICA: veem-se manifestantes segurando uma faixa. A câmera movimenta-se verticalmente para a direita mostrando jornalistas, deputados e advogados posicionados à frente dos manifestantes com a faixa. 	estão proibidas. Com cartazes e faixas contra o impeachment, os manifestantes, incluindo alguns advogados contrários à posição da OAB,	VOZ: Júlio Mosquéra.
4	OFF: enquadra a Senadora Vanessa Grazziotin (PCdoB), falando e gesticulando. Com expressão facial de indignação, a senadora faz um sinal de negativo com a mão direita. À frente dela, microfones são segurados. Ao fundo, pessoas observam. 	ouviram discursos de deputados e senadores	VOZ: Júlio Mosquéra. Ouvem-se pessoas e a voz da senadora Vanessa Grazziotin.

"OAB ENTREGA PEDIDO DE IMPEACHMENT NA CÂMARA DEPOIS DE MUITO TUMULTO"

PLANO	DIMENSÃO VISUAL	DIMENSÃO VERBAL	DIMENSÃO SONORA
5	PLANO CONJUNTO: veem-se pessoas reunidas de costas para a câmera. 	do <u>PT</u>, PCdoB e PSOL NÃO VAI TER GOLPE::	voz: Júlio Mosquéra. Coro cantado.
6	OFF: mostra pessoas de costas para a câmera. Alguns filmam o que veem. 	No Salão Verde, advogados aguardavam o presidente nacional	voz: Júlio Mosquéra. Ouvem-se vozes.
7	OFF: mostra pessoas de costas para a câmera. A câmera avança para o lado esquerdo e capta uma imagem panorâmica do salão. 	da OAB. Claudio Lamachia, para entregar um novo pedido de impeachment contra a presidente Dilma Rousseff.	voz: Júlio Mosquéra. Ouvem-se vozes.
8	PLANO PRÓXIMO/SUBJETIVO: a câmera enquadra Júlio Mosquéra em meio a muitas pessoas. Mosquéra levanta as sobrancelhas e sinaliza com o polegar direito para trás. 	OS MANIFESTANTES QUE FAZIAM MOVIMENTO LÁ DO OUTRO LADO.	voz: Júlio Mosquéra. Ouvem-se vozes.

"OAB ENTREGA PEDIDO DE IMPEACHMENT NA CÂMARA DEPOIS DE MUITO TUMULTO"

PLANO	DIMENSÃO VISUAL	DIMENSÃO VERBAL	DIMENSÃO SONORA
8	A câmera gira e assume o ponto do repórter, mostrando uma aglomeração de pessoas. Algumas sinalizam "não" com os dedos indicadores.	VIERAM AQUI PARA O SALÃO VERDE E ENCONTRARAM OS ADVOGADOS. Aí, começou a confusão.	
9	PLANO CONJUNTO: mostra um grupo de pessoas dançando, gesticulando, segurando cartazes e cantando. Veem-se pessoas filmando e fotografando. 	A VERDADE É DURA: A OAB APOIOU A DITADURA:	Coro cantado.
10	PLANO CONJUNTO: mostra muitas pessoas aglomeradas. Veem-se flashes, câmeras e pessoas projetando o antebraço direito para frente e para trás. 	LULA LADRÃO. LULA LADRÃO.	Coro.
11	OFF: mostra pessoas alteradas, gesticulando. 	Os manifestantes <a favor> da presidente Dilma.	voz: Júlio Mosquéra. Ouvem-se vozes.

"OAB ENTREGA PEDIDO DE IMPEACHMENT NA CÂMARA DEPOIS DE MUITO TUMULTO"

PLANO	DIMENSÃO VISUAL	DIMENSÃO VERBAL	DIMENSÃO SONORA
12	OFF: há empurra-empurra; pessoas de mãos dadas, formando um bloqueio humano e dançando.  	<cercaram> os advogados para impedir que o presidente da OAB entregasse o pedido de impeachment no setor de protocolo. Ele tentou furar o bloqueio várias vezes e não conseguiu... até que policiais da Câmara fizeram um cordão de isolamento para os advogados	VOZ: Júlio Mosquéra. Ouvem-se vozes.
13	PLANO PRÓXIMO: enquadra Júlio Mosquéra cercado por pessoas. Ele eleva e contrai as sobrancelhas. 	<COM MUITAS DIFICULDADES DEPOIS DE DAR VÁRIAS VOLTAS, OS ADVOGADOS DA OAB CONSEGUIRAM CHEGAR AO PROTOCOLO DA CÂMARA, MAS SEGUIDOS PELOS MANIFESTANTES. QUE SÃO CONTRA O IMPEACHMENT>.	VOZ: Júlio Mosquéra.
14	PLANO CONJUNTO: mostra pessoas aglomeradas, gesticulando. 	A confusão foi tanta que os cinegrafistas não conseguiram entrar. NÃO PASSARÃO. NÃO PASSARÃO.	VOZ: Júlio Mosquéra. Coro.

"OAB ENTREGA PEDIDO DE IMPEACHMENT NA CÂMARA DEPOIS DE MUITO TUMULTO"

PLANO	DIMENSÃO VISUAL	DIMENSÃO VERBAL	DIMENSÃO SONORA
15	OFF: mostra uma sala com algumas pessoas. Em torno de uma mesa, um homem entrega uma pilha de pastas a uma mulher. Ao fundo, homens vestidos de terno observam.  LEGENDA: "Imagens gravadas por celular".	O repórter Gerson Camarotti, da GloboNews, registrou a entrega do pedido de impeachment. O pedido foi aprovado. pelo Conselho Federal da OAB. na semana passada. por 26 votos a dois. e se baseia em cinco fatos:	VOZ: Júlio Mosquéra. Aplausos.
16	FOCO SELETIVO: trechos de um texto são focalizados em destaque, enquanto outros trechos aparecem desfocados. 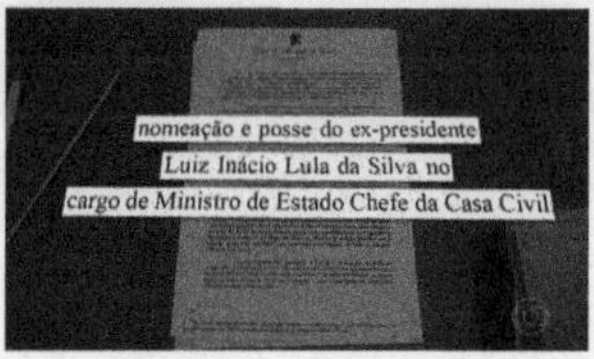 	o uso de bancos públicos para pagar despesas do governo. ↑as chamadas pedaladas fiscais, e a liberação de créditos pelo governo sem autorização do Congresso. a renúncia fiscal do governo em favor da Fifa, que, segundo a OAB, impactou a economia em prejuízo de <vá:rias gerações de brasileiros>. O uso do cargo de presidente da República para nomear ministros em tribunais superiores, previamente compromissados, a lhe auxiliar em atos que importam <obstrução> da Justiça. ↑E o uso do poder <constitucional> de Dilma para dar a Lula foro privilegiado ao nomeá-lo ministro-chefe da ↓Casa Civil.	VOZ: Júlio Mosquéra.

"OAB ENTREGA PEDIDO DE IMPEACHMENT NA CÂMARA DEPOIS DE MUITO TUMULTO"

PLANO	DIMENSÃO VISUAL	DIMENSÃO VERBAL	DIMENSÃO SONORA
17	PLANO CONJUNTO: vê-se uma mulher tentando passar e sendo segurada por um homem. A câmera gira e mostra pessoas, de costas, aglomeradas em um corredor. 	Houve muito tumulto e empurra-empurra também OAB, OAB, OAB	VOZ: Júlio Mosquéra. Coro.
18	PLANO CONJUNTO: Claudio Lamachia aparece sendo carregado nos ombros de alguém. Com o braço direito elevado, Lamachia movimenta o antebraço para frente e para trás enquanto fala. Em volta, pessoas repetem o mesmo movimento. 	na saída do presidente da OAB OAB, OAB, OAB	VOZ: Júlio Mosquéra. Coro.

"OAB ENTREGA PEDIDO DE IMPEACHMENT NA CÂMARA DEPOIS DE MUITO TUMULTO"

PLANO	DIMENSÃO VISUAL	DIMENSÃO VERBAL	DIMENSÃO SONORA
19	PLANO PRÓXIMO: enquadra Claudio Lamachia falando. Em torno dele, microfones.  Ao fundo, pessoas observam e filmam. LEGENDA: "Claudio Lamachia, presidente nacional da OAB". 	A ADVOCACIA BRASILEIRA TRABALHA DE FORMA TÉ:CNICA NESSE PROCESSO, E QUE QUALQUER TENTATIVA DE ATRIBUIR A ISTO QUE ESTÁ SENDO FEITO. A UM GOLPE É UM DESRESPEITO COM A CONSTITUIÇÃO FEDERAL DA REPÚBLICA DO BRASIL. E É UM DESRESPEITO COM O SUPREMO TRIBUNAL FEDERAL, QUE HÁ POUCOS DIAS. REGULAMENTOU O PROCESSAMENTO DO IMPEACHMENT. <NÃO É MAIS POSSÍVEL QUE O BRASIL CONVIVA>. COM ESTE TIPO DE MANIFESTAÇÃO. NÓS QUEREMOS SIM RESPEITO À DEMOCRACIA, QUEREMOS RESPEITO À CONSTITUIÇÃO FEDERAL, QUEREMOS RESPEITO A ESTAS CENTENAS DE ADVOGADOS QUE VIERAM AQUI HOJE, A CENTENAS DE DIRIGENTES DE ORDEM, CONSELHEIROS FEDERAIS E PRESIDENTES DE SECCIONAIS. ISTO NÃO SE PODE ADMITIR, PORQUE NÓS VIVEMOS NUMA DEMOCRACIA.	VOZ: Claudio Lamachia.

“OAB ENTREGA PEDIDO DE IMPEACHMENT NA CÂMARA DEPOIS DE MUITO TUMULTO”

PLANO	DIMENSÃO VISUAL	DIMENSÃO VERBAL	DIMENSÃO SONORA
20	OFF/GERAL: mostra o Congresso, de fora. Pessoas caminham em direção à entrada. 	Os advoga:dos se reuniram do lado de fora do Congresso	VOZ: Júlio Mosquéra..
21	PLANO MÉDIO CONTRAPICADO: câmera enquadra deputados e uma deputada de baixo para cima. Deputados e deputada cantam de mãos dadas. Pessoas vibram. 	e cantaram o Hino Nacional. DOS FILHOS DESTE SOL ÉS MÃE GENTIL PÁTRIA AMADA BRASI::L	VOZ: Júlio Mosquéra. Coro cantado.
22	PLANO PRÓXIMO: mostra Raul Jungmann em plano médio. 	Não é admissível que você tente pela violência, e pela imposição barrar uma decisão de uma organização como a OAB, que obviamente tem <toda> a <legitimidade> constitucional. para apresentar um pedido de impeachment.	VOZ: deputado Raul Jungmann (PPS-PE). Ouvem-se vozes.

"OAB ENTREGA PEDIDO DE IMPEACHMENT NA CÂMARA DEPOIS DE MUITO TUMULTO"

PLANO	DIMENSÃO VISUAL	DIMENSÃO VERBAL	DIMENSÃO SONORA
23	OFF: enquadra Wadih Damous em plano médio frontal falando e gesticulando. À frente dele, microfones. Por trás de Damous e de frente para a câmera, um homem segura um gravador do lado da cabeça de Damous. Ao fundo, pessoas observam. 	O vice-líder do PT na Câmara, Wadih Damous, <criticou> o novo pedido de impeachment contra Dilma.	VOZ: Júlio Mosquéra.
24	PLANO PRÓXIMO: enquadra Wadih Damous em plano médio frontal falando e gesticulando. À frente dele, microfones. Por trás de Damous e de frente para a câmera, um homem segura um gravador do lado da cabeça de Damous. Ao fundo, pessoas observam. 	O MANDATO PRESIDENCIAL É CLÁUSULA <u>PÉTREA</u> DA CONSTITUIÇÃO. O MANDATO PRESIDENCIAL <ACABA> NA DATA ESTABELECIDA PELA CONSTITUIÇÃO. <NO TAPETÃO, ELES NÃO VÃO LEVAR>. ↑POR ISSO, NÓS TEMOS QUE DIZER A TODOS OS PULMÕES <NÃO VAI TER GOLPE>, VAI TER LUTA.	VOZ: Wadih Damous (PT-RJ).

"OAB ENTREGA PEDIDO DE IMPEACHMENT NA CÂMARA DEPOIS DE MUITO TUMULTO"

PLANO	DIMENSÃO VISUAL	DIMENSÃO VERBAL	DIMENSÃO SONORA
25	PLANO AMERICANO: enquadra Ana Amélia em frente ao púlpito do congresso. Na extremidade superior esquerda da tela, o símbolo da TV Senado. Na extremidade inferior direita, o símbolo da Globo. 	Por que dizemos que o povo ou que há. uma tentativa de golpe? <Será a ministra, Cármen Lúcia, do Supremo Tribunal Federal, que vai ocupar brevemente a presidência da Suprema Corte do país, uma golpista?> Será o ministro Antonio Dias Toffoli, >presidente do Tribunal Superior Eleitoral< e ministro da Suprema Corte, um golpista? ↑Eu não acredito sinceramente, que esses autoridades estejam fazendo o jogo de quem quer que seja a não ser o jogo de interpretar a Constituição↑. <Ouvi. com as todas as letras>, da boca da senhora ministra <Carmen Lúcia>, ↑impeachment não é golpe:	VOZ: senadora Ana Amélia (PP-RS).
26	PLANO CONJUNTO: mostra seis homens sentados em torno de uma grande mesa de madeira. 	Integrantes da comissão do impeachment foram ao <Supremo> e ouviram de ministros que o processo ↓não é golpe.	VOZ: Júlio Mosquéra.

"OAB ENTREGA PEDIDO DE IMPEACHMENT NA CÂMARA DEPOIS DE MUITO TUMULTO"

PLANO	DIMENSÃO VISUAL	DIMENSÃO VERBAL	DIMENSÃO SONORA
27	PLANO PRÓXIMO: enquadra Ricardo Lewandowski falando. À frente dele, de costas para a câmera, vê-se um microfone. Veem-se flashes.  LEGENDA: "Ricardo Lewandowski, pres. do STF".	O Supremo Tribunal Federal, neste caso presente, ele. <se limitou> a. <novamente reafirmar as regras do impeachment do presidente Collor>. Reafirmou a sua jurisprudência, e deixou claro quais os dispositivos da Constituição que são aplicáveis, e ↑como devem ser ↓interpretados. Golpe é uma expressão que pertence ao mundo da <política>. E: nós aqui usamos apenas expressões do mundo jurídico.	VOZ: Ricardo Lewandowski (presidente do STF).
28	PLANO PRÓXIMO: enquadra Luís Roberto Barroso falando. À frente dele, de costas para a câmera, vê-se um microfone. 	Não considero que o impeachment seja um golpe. É um: procedimento previsto na Constituição, e se forem respeitadas as regras constitucionais e as demais normas incidentes, é um procedimento dentro do >quadro da legalidade democrática<.	VOZ: Luís Roberto Barroso (ministro do STF).

A notícia de abertura do Jornal Nacional de 28/03/2016, é projetada a partir da confusão provocada por manifestantes que "tentaram impedir que a Ordem dos Advogados do Brasil entregasse um <novo pedido de impeachment> da presidente Dilma Rousseff, no <Congresso>". Passado esse primeiro momento de apresentação, a notícia segue com a reportagem de Júlio Mosquéra, trazendo o tumultuado acesso do presidente da OAB à Câmara, a comemorada realização da entrega do pedido de impeachment e a palavra dos especialistas acerca do processo em questão.

O tumulto comunicado inicia a reportagem a partir de imagens de manifestantes favoráveis ao governo em protesto, conforme transcrito do plano 2 ao 5. Na sequência, após a exibição de imagens dos advogados que "aguardavam o presidente nacional da OAB. Claudio Lamachia" (plano 6), Júlio Mosquéra, em meio a um grande tumulto, informa em voz alta: "OS MANIFESTANTES QUE FAZIAM MOVIMENTO LÁ DO OUTRO LADO. VIERAM AQUI PARA O SALÃO VERDE E ENCONTRARAM OS ADVOGADOS. Aí, começou a confusão." (plano 8).

Nesse movimento, os manifestantes favoráveis ao governo são posicionados como aqueles que iniciam a confusão ao deslocarem-se em direção ao salão verde, onde, até a chegada dos manifestantes, os advogados aguardavam em tranquilidade, conforme transcrito no plano 6. As posições de sujeitos, então, são ocupadas de acordo com o tumulto provocado e a autoridade representada pela Ordem dos Advogados do Brasil. Nessa comunicabilidade, se de um lado o grupo de apoio ao governo responde pela perturbação da ordem no Congresso, do outro lado Claudio Lamachia é recrutado como a autoridade a quem compete o entendimento da legitimidade do processo perpetrado. Ao lado dos manifestantes, os advogados igualmente associados à OAB, mas contrários à posição da mesma, ocupam uma posição hierarquicamente inferior ("alguns advogados contrários à posição da OAB" – plano 3), sendo reduzidos à posição de manifestantes de apoio ao governo, contra o "presidente da OAB".

Dentre os advogados posicionados como "alguns" na reportagem de Mosquéra estava o ex-presidente da OAB Marcelo Lavènere, que liderou o grupo. Antes do embate na Câmara, o grupo procurou o presidente da OAB solicitando a "suspensão da entrega do pedido de afastamento de Dilma e distribuiu um manifesto apontando que o impeachment sem justificativa é golpe" (FOLHA DE S. PAULO, 2016). Dada a discordância da categoria, esse movimento pedia a realização de um plebiscito com todos os associados da OAB para decidir pelo apoio ou não ao processo de impeachment. Indagado pela BBC Brasil sobre a possibilidade de realização de um plebiscito, Cláudio Lamachia respondeu: "Nós tivemos uma apreciação absolutamente democrática no âmbito da instituição e o que vemos com esse tipo de manifestação é justamente uma esmagadora minoria que defende a democracia, mas não pratica a democracia" (SCHREIBER, 2016).

A trajetória dos advogados contrários à decisão da OAB foi silenciada na matéria que saiu do embate entre manifestantes e advogados em prol do pedido de impeachment para o êxito da perpetração do pedido. Sob aplausos, a realização do pedido foi noticiada a partir da superação dos obstáculos impostos pelos manifestantes e pela insistência do presidente da OAB em tentar "várias vezes" até "conseguir" protocolar o pedido. ("Ele tentou furar o bloqueio várias vezes e não conseguiu..." – plano 12 ("<COM MUITAS DIFICULDADES DEPOIS DE DAR VÁRIAS VOLTAS, OS ADVOGADOS DA OAB CONSEGUIRAM CHEGAR AO PROTOCOLO DA CÂMARA, MAS SEGUIDOS PELOS MANIFESTANTES. QUE SÃO CONTRA O IMPEACHMENT>." – plano 14).

Na sequência, após a exibição do detalhamento dos motivos elencados no pedido da OAB como justificativa para o impedimento da presidenta em foco seletivo, o turno é passado a Claudio Lamachia, que, tendo protocolado o pedido, sai da Câmara comemorando ao som de palavras de ordem ("OAB, OAB, OAB" – plano 19) e argumenta: "A ADVOCACIA BRASILEIRA TRABALHA DE FORMA TÉ:CNICA NESSE PROCESSO, E QUE QUALQUER TENTATIVA DE ATRIBUIR A ISTO QUE ESTÁ SENDO FEITO. A UM GOLPE É UM DESRESPEITO COM A CONSTITUIÇÃO FEDERAL DA REPÚBLICA DO BRASIL. E É UM DESRESPEITO COM O SUPREMO TRIBUNAL FEDERAL, QUE HÁ POUCOS DIAS. REGULAMENTOU O PROCESSAMENTO DO IMPEACHMENT. <NÃO É MAIS POSSÍVEL QUE O BRASIL CONVIVA>. COM ESTE TIPO DE MANIFESTAÇÃO. NÓS QUEREMOS SIM RESPEITO À DEMOCRACIA, QUEREMOS RESPEITO À CONSTITUIÇÃO FEDERAL, QUEREMOS RESPEITO A ESTAS CENTENAS DE ADVOGADOS QUE VIERAM AQUI HOJE, A CENTENAS DE DIRIGENTES DE ORDEM, CONSELHEIROS FEDERAIS E PRESIDENTES DE SECCIONAIS. ISTO NÃO SE PODE ADMITIR, PORQUE NÓS VIVEMOS NUMA DEMOCRACIA." (plano 20). É interessante notar o uso do termo "técnico" como estratégia discursiva de legitimidade do processo. A ideia de "técnico" remonta no discurso à ideia de neutralidade descorporificada, isto é, sem atravessamentos de subjetividade de quem faz a "técnica". A ideia de técnica, então, é construída como se fosse algo puro e sem a interferência daquele que a produz.

O plano que se segue à fala de Lamachia confirma a imponência da subjetividade projetada para o presidente da OAB e os advogados posicionados a favor da mesma quando estes são enquadrados cantando um trecho do hino nacional a partir do ângulo contrapicado (câmera de baixo para cima), que sugere grandeza moral, superioridade e nobreza, características positivas de quem atua em prol de uma ideia de nação.

Corroborando a fala de Claudio Lamachia em defesa da legitimidade do processo, o deputado Raul Jungmann (PPS-PE) afirma não ser "admissível que você tente pela violência, e pela imposição barrar uma decisão de uma organização como a OAB, que obviamente tem <toda> a <legitimidade> constitucional. para apresentar um pedido de impeachment." (plano 22). Assim como Lamachia e todo mapa comunicável operado até este ponto da notícia, Jungmann defende a autoridade da OAB como instituição, desaprova as manifestações contrárias e aceita o "impeachment" como legítimo.

Um discurso alternativo ao até então projetado pela notícia é comunicado a partir da fala do deputado Wadih Damous (PT-RJ), que sustenta: "O MANDATO PRESIDENCIAL É CLÁUSULA PÉTREA DA CONSTITUIÇÃO. O MANDATO PRESIDENCIAL <ACABA> NA DATA ESTABELECIDA PELA CONSTITUIÇÃO. <NO TAPETÃO, ELES NÃO VÃO LEVAR>. ↑POR ISSO, NÓS TEMOS QUE DIZER A TODOS OS PULMÕES <NÃO VAI TER GOLPE>, VAI TER LUTA." (plano 25). Além do posicionamento contrário aos pareceres anteriores, a fala de Damous também se difere no que diz respeito à apresentação. Como indicado na transcrição, enquanto os pronunciamentos de Lamachia e Jungmann foram exibidos sem mediação do repórter, a fala de Damous foi introduzida da seguinte maneira: "O vice-líder do PT na Câmara, Wadih Damous, <criticou> o novo pedido de impeachment contra Dilma." (plano 24). Em comum, os três pronunciamentos trazem a reivindicação do cumprimento da "Constituição" em respeito à democracia.

Após a fala de Damous, a câmera corta para o pronunciamento da senadora Ana Amélia (PP-RS), sem mediação do repórter. A partir desse recurso cinematográfico que parece responder ao quadro anterior, Ana Amélia questiona: "Por que dizemos que o povo ou que há. uma tentativa de golpe?" (plano 26). A senadora, então, expõe longa e paulatinamente o seu ponto de vista em relação à narrativa do golpe e conclui de forma enfática: "Impeachment não é golpe" (plano 26).

Por fim, Ricardo Lewandowski (presidente do STF) e Luís Roberto Barroso (ministro do STF) também dissertaram sobre seus pareceres, reiterando o entendimento da senadora Ana Amélia acerca da legitimidade do chamado impeachment. Sobre a narrativa do golpe, Lewandowski afirmou: "Golpe é uma expressão que pertence ao mundo da <política>. E: nós aqui usamos apenas expressões do mundo jurídico" (plano 28). Ao que Barroso concluiu: "Não considero que o impeachment seja um golpe. É um: procedimento previsto na Constituição" (plano 29). O efeito de sentido provocado na fala de Lewandowski parece reafirmar significados próximos aos estabelecidos com o termo "técnico". A esfera jurídica, nesse ponto, acaba sendo traçada como algo que não envolve dimensões políticas.

A fala de Luís Roberto Barroso encerra a notícia e o total de cinco pareceres favoráveis ao processo contra o governo. Ao longo da transmissão, apenas um pronunciamento contra o processo foi exibido. Tal assimetria, a um só tempo, reifica a defesa do processo e minimiza a contestação ao mesmo, que se torna ainda menos significativa se considerarmos que os pareceres contrários ao governo partiram de autoridades da OAB, da Câmara, do Senado e do STF, enquanto o parecer contrário foi projetado pelo vice-líder do PT em favor do PT.

Em "*Making Health Public*", Briggs e Hallin (2016) analisam notícias de saúde ("*Health News*") e verificam uma mediação que vai "além da simples transmissão" de conhecimento, operando o que chamam de "jornalismo ativo". Os autores argumentam que *Health News*, como "*ask your doctor*", reposicionam "quem está habilitado a falar sobre saúde e medicina" (BRIGGS, 2016, p. 89), de modo que o papel de autoridade médica é assumido por jornalistas que, em suas performances, fornecem ao público respostas claras e honestas a respeito de questões médicas envoltas em conflitos de interesse e discordâncias. Desse modo, para além de transmissão passiva de informações advindas de autoridades biomédicas, observa-se um jornalismo que "ativamente negocia entre construções concorrentes de conhecimento biomédico", advogando pela biomedicina e garantindo que determinado medicamento pode ser confiável apesar das controvérsias.(BRIGGS; HALLIN, 2016, p. 109).

Os significados a favor do impeachment são construídos a partir de recursos semióticos que formulam um registro discursivo que atualiza uma ideologia linguística de neutralidade produtora de confiabilidade. Na matéria sobre a "entrega do pedido de impeachment" os sujeitos autorizados a falar em termos jurídicos e políticos são reposicionados com base no entendimento da OAB. Advogados favoráveis à decisão da OAB são recrutados como autoridade jurídica e os advogados contrários são posicionados como manifestantes. Nesse alinhamento – assim como em Briggs e Hallin (2016), o jornalista é posicionado tal qual uma autoridade médica que fornece respostas que autorizam o uso de um medicamento visto sob suspeitas –, a exibição assimétrica dos pareceres favoráveis ao processo contra Dilma Rousseff responde a questionamentos acerca do processo político, evidenciando um jornalismo que ativamente negocia entre as narrativas concorrentes, advogando pelo impeachment e assegurando sua legitimidade, apesar das acusações de golpe.

Dessa forma, o evento em questão é projetado a partir da aceitação do discurso de impeachment e da consequente rejeição à narrativa do golpe, operando uma cartografia comunicável por meio da qual o JN endossa a validade do impeachment, autorizando o telespectador a reconhecer o processo como legítimo. Cumpre salientar que o embate referencial verificado em torno da destituição de Dilma Rousseff, não apenas no âmbito midiático como na vida social dos brasileiros, permanece sob uma disputa através da qual a oposição entre defensores dos termos "golpe" e "impeachment" vai ao encontro da grande polarização que caracteriza a política nacional desde 2014, chegando ao seu auge com a eleição de Jair Messias

A ESPETACULARIZAÇÃO DO JUDICIÁRIO

Conforme pontuado no capítulo 2, entendo o apoio midiático aos golpes referendados pelo Judiciário como uma tendência política, econômica e sobretudo midiática que avançou pela América Latina no início dos anos 2000. No Brasil, ao longo das coberturas da Operação Lava Jato, ao mesmo tempo que as transmissões das investigações voltadas para o envolvimento da Petrobras e do Partido dos Trabalhadores abalavam o PT e o governo de

Dilma Rousseff, aumentando a desconfiança popular para com o governo e o sistema político em si, ascendia o protagonismo do, até então, juiz projetado como a personificação da Justiça contra a corrupção que assolava o Brasil.

Filho de professores universitários, Sérgio Fernando Moro nasceu em 1/08/1972 na cidade de Maringá (PR), cresceu em uma família de classe média alta, estudou nos colégios Santa Cruz e Gastão Vidal, e formou-se em direito, em 1995, pela Universidade Estadual de Maringá, tornando-se juiz federal em 1996. Em 1998, cursou o programa para instrução de advogados da Harvard Law School e participou de programas de estudos sobre lavagem de dinheiro promovidos pelo Departamento de Estado dos Estados Unidos. Em 2000, Sérgio Moro recebeu o título de mestre pela Universidade Federal do Paraná (UFPR). Dois anos depois, tornou-se doutor também pela UFPR, onde passou a ministrar aulas de Direito Processual Penal a partir de 2007.

A atuação de Sérgio Moro em crimes de lavagem de dinheiro contra o sistema financeiro teve início em 2003, quando o juiz ficou encarregado de comandar operações que tinham envolvimento de corrupção, tanto de políticos como de empreiteiras de todo o país. Entre 2003 e 2007, Sérgio Moro comandou as investigações sobre a evasão de dezenas bilhões de reais do Banco do Estado do Paraná. O esquema que ocorreu na década de 1990 ficou conhecido como Caso Banestado e resultou na condenação de 97 pessoas. Na Operação Farol da Colina, um desdobramento do Banestado, 103 suspeitos tiveram prisão temporária decretada pelo juiz Sérgio Moro sob a acusação de lavagem de dinheiro.

De acordo com Moraes e Pannunzio (2018), na ocasião o juiz foi questionado por decretar prisões preventivas, mesmo após decisão contrária de tribunais de instância superior, e por determinar à polícia o monitoramento de voos de advogados do investigado. O Supremo Tribunal Federal (STF) julgou Moro pelos supostos excessos cometidos. A Corte encaminhou as contestações ao Conselho Nacional de Justiça (CNJ), mas o processo foi arquivado.

Em 2012, convocado pela ministra do Supremo Tribunal Federal Rosa Weber para auxiliá-la no combate a crimes financeiros e lavagem de dinheiro, Moro pediu a dispensa do cargo de professor na Universidade do Paraná e passou a se dedicar ao julgamento do mensalão. Apesar desse histórico, foi em março de 2014 que o ex-juiz Sérgio Moro ganhou visibilidade nacional quando, no comando da Operação Lava Jato, foi alçado ao patamar de símbolo nacional por sua atuação na maior operação contra a corrupção da história do Brasil.

A popularidade de Moro era tanta que o magistrado chegou a ser cotado como um dos possíveis candidatos à presidência da República nas eleições de 2018 e 2022. Em 2016, perguntado pelo jornal Folha de S. Paulo se sairia candidato a um cargo eletivo ou se entraria para a política, Sérgio Moro respondeu: "Não, jamais. Jamais. Sou um homem de Justiça e, sem qualquer demérito, não sou um homem da política". Moro afirmou ainda que "o mundo da Justiça e da política não devem se misturar" (MORO apud RESENDE, 2018). Apesar da declaração de Sérgio Moro, após a eleição de Bolsonaro, em 2018, o ex-juiz largou o exercício do magistério para se tornar ministro da Justiça e Segurança Pública[43]. Em quatro anos da Operação Lava Jato, as sentenças deferidas por Moro ultrapassavam 1.860 anos de prisão. De acordo com o Ministério Público Federal, até outubro de 2018 140 pessoas haviam sido condenadas pela Lava Jato, com penas que somam um total de 2.036 anos. Com as prisões de membros do Partido dos Trabalhadores, a condução coercitiva do ex-presidente Lula, em março de 2016, e os vazamentos das gravações protegidas por segredo de justiça, que veremos mais detalhadamente na seção "Gravações em Foco", não demorou até que Sérgio Moro fosse reconhecido como uma espécie de herói nacional contra o PT. Nos protestos contra o governo petista, a admiração ao juiz era manifestada em camisetas, cartazes de apoio a Moro e imagens do magistrado vestido de Super-Homem.

Em 2014, Sérgio Moro foi eleito o "Brasileiro do Ano" pela revista Isto É, foi considerado um dos 100 mais influentes do Brasil pela revista Época e foi eleito a "Personalidade do Ano" na décima segunda edição do Prêmio Faz Diferença do jornal O Globo. Foi eleito personalidade do ano pela revista Time em 2016 e recebeu o título de *Doctor of Laws,* honoris causa, pela University of Notre Dame du Lac, em South Bend, Indiana, em 2018. A escolha da Time, em meio ao caos político, foi noticiada pelo JN em matéria que segue transcrita na sequência.

---

[43] O ex-juiz também realizou pré-campanha para a corrida presidencial de 2022. No entanto, desistiu e optou pelo Senado do Paraná após ser barrado pela Justiça Eleitoral de concorrer nas eleições de São Paulo.

"JUIZ SÉRGIO MORO, DA LAVA JATO, É HOMENAGEADO EM NOVA YORK"

PLANO	DIMENSÃO VISUAL	DIMENSÃO VERBAL	DIMENSÃO SONORA
1	PLANO MÉDIO FRONTAL: enquadra Renata Vasconcellos e William Bonner sentados à bancada do estúdio do JN. Ao fundo, o símbolo do JN projetado entre os apresentadores e a redação em funcionamento. 	O juiz Sérgio Moro participa neste momento de uma homenagem da revista americana Time, em Nova York.	VOZ: Renata Vasconcellos.
2	FOCO SELETIVO: mostra o site da revista Time e destaca a imagem de Sérgio Moro. 	Moro. <é o único brasileiro na lista das cem pessoas mais influentes do mundo>, ao lado de líderes como o presidente americano Barack Obama. e o Papa Francisco, além de empresa:rios	VOZ: Renata Vasconcellos.
3	OFF: mostra Sérgio Moro e sua esposa, vestidos de gala, caminhando. Duas mulheres os orientam. Moro sorri. 	e artistas. A revista afirma que Moro.	VOZ: Renata Vasconcellos. Ouvem-se vozes.

"JUIZ SÉRGIO MORO, DA LAVA JATO, É HOMENAGEADO EM NOVA YORK"

PLANO	DIMENSÃO VISUAL	DIMENSÃO VERBAL	DIMENSÃO SONORA
4	OFF: enquadra Sérgio Moro e sua esposa, lado a lado, sorrindo e posando para foto.  Flashes são vistos. Legenda: "Nova York".	é <trata:do> pelos brasileiros <como um ídolo do futebol. pelo trabalho de combate> à corrupção.	Voz: Renata Vasconcellos. Ao fundo, ouvem-se vozes.
5	PLANO MÉDIO: enquadra Sérgio Moro e a esposa. Sério Moro fala ao microfone. Sua esposa sorri e o observa.  LEGENDA: "Sérgio Moro, juiz federal".	Na verda:de: essa seleção honra muito a instituição >é um trabalho institucional< isso eu tenho sempre: dito e: acho que é reconhecimento também que o Brasil. toma: passos importantes, na prevenção e >no combate à corrupção<. nessa perspectiva acho muito positivo.	VOZ: Sérgio Moro.

A matéria exibida pelo Jornal Nacional em 26/04/2016 noticia a homenagem internacional ao "Juiz Sérgio Moro, da Lava Jato" em tom de "urgência" (neste momento – plano 1) e admiração (<é o único brasileiro na lista das cem pessoas mais influentes do mundo> – plano 2), atualizando, assim, o discurso de reconhecimento do protagonismo atribuído a Sérgio Moro naquele momento, pelo seu trabalho no combate à corrupção envolvendo o sistema político nacional. Nesse sentido, sob os flashes dos jornalistas que capturavam imagens do magistrado e de sua esposa vestidos de gala, Sérgio Moro é posicionado como um "ídolo" nacional (é <trata:do> pelos brasileiros <como um ídolo do futebol. pelo trabalho de combate> à corrupção – plano 4).

Tal cartografia vai ao encontro da popularidade alcançada pelo juiz no decorrer das intensivas transmissões que, ao noticiar os avanços da Operação

Lava Jato, recrutaram o ex-presidente Lula como símbolo da corrupção, enquanto Sérgio Moro, em um movimento de personificação, assumiu o papel da Justiça nacional. Nesse processo de iconização de Moro e Lula, os dois participam de uma recursividade fractal que promove um movimento de produção de níveis opositivos: corrupção versus justiça, ou seja, uma "projeção de uma oposição, saliente em algum nível de relacionamento, em algum outro nível" (IRVINE; GAL, 2000, p. 38). Ao projetar esses dois polos, cria-se uma diferenciação semiótica que contrasta de forma avaliativa aquilo que deve ser visto como positivo e negativo. Assim, Moro é posicionado como um ídolo que, em oposição ao PT do ex-presidente Lula, vai compor a narrativa midiática do impeachment como única alternativa para a política nacional.

A espetacularização do Judiciário é estabelecida e alimentada à medida que, por um lado, as notícias acerca da Lava Jato destacam as prisões decretadas por Sérgio Moro, projetado como a própria instituição judicial, que realiza prisões de usurpadores do dinheiro público associados ao PT; e, por outro, comemoram a condenação de mais um envolvido na Lava Jato, como observado na notícia sobre a prisão do ex-secretário de Finanças e Planejamento do PT João Vaccari Neto, em 2015 ("Juiz Sérgio Moro determina prisão de Vaccari com base nas delações").

Nesse sentido, sendo a Justiça brasileira conhecida por sua morosidade, principalmente para com os crimes de "colarinho branco", a agilidade do magistrado em relação às prisões ostensivamente midiatizadas apontam para essa busca por aprovação popular que, em parceria com a mídia corporativa, resulta em um grande espetáculo protagonizado por um "homem da lei"[44] e um partido envolvido em esquemas de corrupção em um cenário de crise política e econômica no Brasil. Exemplifica essa tendência o episódio da espetacularização das gravações ilegalmente divulgadas por Sérgio Moro sob o discurso de necessidade de "dar publicidade" ao caso, como veremos com mais detalhes na seção seguinte.

---

[44] Em 05/11/2018, na palestra de abertura da conferência "*Smart Energy*", após aceitar o convite do presidente eleito, Jair Bolsonaro, para ser ministro da Justiça, Sérgio Moro declarou: "Eu sou um homem da lei. Também achei que minha participação poderia contribuir para afastar esses receios infundados" (sobre um possível autoritarismo no governo Bolsonaro) (BARAN, 2018).

GRAVAÇÕES EM FOCO

Na manhã de 16/03/2016, o governo de Dilma Rousseff anunciou que Luiz Inácio Lula da Silva seria nomeado como ministro da Casa Civil. Com a nomeação, Lula teria foro privilegiado na Lava Jato e, com isso, seu julgamento sairia da alçada do ex-juiz Sérgio Moro, passando a ser competência do Supremo Tribunal Federal. Horas após o anúncio, telejornais como o Jornal Nacional (TV Globo), o SBT Brasil (TV SBT), o Jornal da Record (TV Record) e telejornais de emissoras afiliadas noticiavam conversas entre o ex-presidente e a então presidenta Dilma Rousseff, gravadas pela Polícia Federal, sob uma atmosfera de alarmismo e protagonismo semelhante ao processo de espetacularização do Judiciário observado na análise anterior.

No Jornal Nacional, a ênfase na cobertura ostensiva das gravações divulgadas já se anunciava na chamada que, ao contrário do padrão de 40" a 50" habituais dedicados à apresentação das principais notícias a serem transmitidas, foi construída em 2'07", contando com a exibição de trechos da conversa divulgada, em foco seletivo, acompanhados do áudio, bem como imagens do protesto que começava acontecer no Palácio do Planalto.

Iniciando a chamada, Renata Vasconcellos, enquadrada em plano médio, sentada atrás da bancada do estúdio do JN, anunciou: "O Jornal Nacional vai trazer hoje todos os detalhes da nomeação do ex-presidente Lula para a casa civil. O juiz Sérgio Moro acabou com o sigilo de gravações de conversas telefônicas do ex-presidente Lula". Na apresentação de Vasconcellos, volta a aparecer o protagonismo de Sérgio Moro enquanto responsável por fazer justiça contra quem agir "para atrapalhar as investigações da Lava Jato".

Nesse alinhamento, como um trailer que tende a compilar os melhores momentos do filme em alguns minutos a fim de persuadir e convidar o público a assisti-lo, a chamada para o JN de 16/03/2016 exibiu um trecho do áudio da conversa interceptada e imagens de protestos contrários ao governo. Enquanto tais imagens eram exibidas, a apresentadora reiterava: "Temos imagens ao vivo, de Brasília, em frente ao Palácio <do Planalto>. Segundo a polícia militar, são mil e quinhentas pessoas que protestam neste momento em frente ao Palácio do Planalto. Gritam palavras de ordem pedindo a renúncia da presidente Dilma Rousseff". Por fim, a apresentadora atualiza o discurso de compromisso com a informação jornalística em tom de plantão e alarmismo acerca do protesto mencionado e das gravações divulgadas, alertando: "a gente pode voltar a qualquer momento com outras informações".

Conforme sinalizado na chamada, o JN de 16/03/2016 dedicou-se, exclusivamente, a conteúdos relacionados à repercussão da nomeação do ex-presidente para o ministério da Casa Civil e ao impacto das gravações entre Dilma Rousseff e Luiz Inácio Lula da Silva. Tais gravações foram apresentadas em destaque na notícia "Justiça torna público um diálogo entre Lula e a presidente Dilma Rousseff", que segue transcrita abaixo.

"JUSTIÇA TORNA PÚBLICO UM DIÁLOGO ENTRE LULA E A PRESIDENTE DILMA ROUSSEFF"

PLANO	DIMENSÃO VISUAL	DIMENSÃO VERBAL	DIMENSÃO SONORA
1	PLANO MÉDIO FRONTAL: enquadra Renata Vasconcellos sentada à bancada do JN. Ao fundo, o símbolo do JN e a redação do editorial em atividade. A câmera avança e o movimento se conclui em plano próximo.  	Nesta quarta-feira a crise política atingiu o ponto <mais> alto. O juiz Sergio Moro suspendeu no fim da tarde, o sigilo da vigésima quarta fa:se da Operação Lava Jato. E >com isso<, <conversas> do EX-presidente Lula se tornaram <públicas>. Integrantes da Operação Lava Jato afirmaram que <há indícios> de uma ação para <atra-pa-lhar> as investigações.	VOZ: Renata Vasconcellos.

"JUSTIÇA TORNA PÚBLICO UM DIÁLOGO ENTRE LULA E A PRESIDENTE DILMA ROUSSEFF"

PLANO	DIMENSÃO VISUAL	DIMENSÃO VERBAL	DIMENSÃO SONORA
2	OFF: mostra imagens da Polícia Federal em Curitiba. Em seguida, veem-se imagens de Luiz Inácio Lula da Silva saindo de um carro.  	As interceptações telefônicas foram feitas <u>com</u> autorização da justiça, começaram no dia dezeno:ve de fevereiro, e continuaram até hoje. Numa conversa gravada em vinte e sete de fevereiro, ↑dias antes da condução coercitiva de Lula em 4 de março, o ex-presidente conversa com Rui Falcão, ↓presidente do PT.	VOZ: Vladmir Netto.
3	FOCO SELETIVO: trechos de um texto são focalizados em destaque, enquanto outros trechos aparecem desfocados. Ao fundo, o símbolo BR, uma grande tubulação enferrujada, saindo de dois tanques de armazenamento e despejando cédulas de real. Por trás dos tanques e na lateral esquerda da imagem, um edifício de dois andares e janelas de vidro. 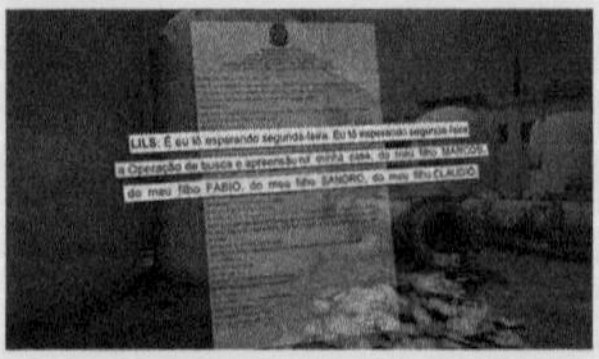	Lula disse. "É: tô esperando, segunda-feira tô esperando segunda-feira, a operação de <u>busca</u> e apreensão na minha casa, do meu filho Marcos, do meu filho Fabio, do meu filho Sandro, do meu filho Claudio. E Rui Falcão respondeu "É. eu vi: esse noticiário aqui".	VOZ: Vladmir Netto.

“JUSTIÇA TORNA PÚBLICO UM DIÁLOGO ENTRE LULA E A PRESIDENTE DILMA ROUSSEFF”

PLANO	DIMENSÃO VISUAL	DIMENSÃO VERBAL	DIMENSÃO SONORA
4	PLANO MÉDIO FRONTAL: enquadra Vladmir Netto, que fala segurando um microfone. Ao fundo, um jardim. Legenda: “Vladmir Netto, Curitiba”. 	↑Investigadores dizem que e:ssa conversa e <outras> que <foram interceptadas> indicam que Lula pode ter ficado sabe:ndo da operação <contra ele> e tentado <atrapalhar> os trabalhos da >Lava Jato<. Lula teria inclusive buscado influencia:r ou conseguir ajuda de autoridades do Ministério Público >Federal< e <até de ministros do Supremo> ↓Tribunal >Federal<.	VOZ: Vladmir Netto.
5	OFF: mostra imagens do ex-presidente Lula. 	Numa conversa gravada no dia vinte e sete de fevereiro, o ex-presidente fala com Paulo de Tarso Vanucchi, ex-ministro da secretaria de direitos huma:nos no governo Lula.	VOZ: Vladmir Netto.
6	OFF: veem-se imagens da Polícia Federal em Curitiba. 	De acordo com a Polícia Federal há indícios de que <no diálogo> Lula esteja se referindo ao ministro indica:do da Justiça, >Eugênio Aragão<, que também é subprocurador ↓geral da República.	VOZ: Vladmir Netto.

“JUSTIÇA TORNA PÚBLICO UM DIÁLOGO ENTRE LULA E A PRESIDENTE DILMA ROUSSEFF”

<table>
<tr><th>PLANO</th><th>DIMENSÃO VISUAL</th><th>DIMENSÃO VERBAL</th><th>DIMENSÃO SONORA</th></tr>
<tr><td>7</td><td>FOCO SELETIVO: trechos de um texto são focalizados em destaque, enquanto outros trechos aparecem desfocados. Ao fundo, o símbolo BR, uma grande tubulação enferrujada, saindo de dois tanques de armazenamento e despejando cédulas de real. Por trás dos tanques e na lateral esquerda da imagem, um edifício de dois andares e janelas de vidro.

</td><td>Lula disse. “O problema é o seguinte Paulinho. nós temos que comprar essa briga, eu sei que é difícil, sabe? Eu às vezes fico pensando até que o Aragão deveria cumprir um papel de homem, porque o Aragão parece nosso ami:go, pare:ce, pare:ce, mas tá sempre dizendo <o:lha:>”</td><td>VOZ: Vladmir Netto.</td></tr>
<tr><td>8</td><td>OFF: mostra uma sequência de imagens que tem início com o momento em que Lula deixa o edifício da Polícia Federal após prestar depoimento, passa à imagem de Dilma Rousseff, vai para o STF e conclui com a imagem da escultura “A Justiça” em plano contrapicado.
</td><td>Logo depois de sair do depoimento à Polícia Federa:l no dia da Operação Alethe:ia >em 4 de março<, Lula falou com Dilma sobre um <pedido> dos advogados dele, que estava no Supre:mo >Tribunal Federal< questionando quem deveria investigá-lo, se o Ministério Público de São Paulo, ou a força-tarefa da Lava Jato ↓em Curitiba.</td><td>VOZ: Vladmir Netto.</td></tr>
</table>

"JUSTIÇA TORNA PÚBLICO UM DIÁLOGO ENTRE LULA E A PRESIDENTE DILMA ROUSSEFF"

PLANO	DIMENSÃO VISUAL	DIMENSÃO VERBAL	DIMENSÃO SONORA
9	FOCO SELETIVO: trechos de um texto são focalizados em destaque, enquanto outros trechos aparecem desfocados.  	Lula falou. "<Eu acho> que eles quiseram antecipa:r o pedido nosso que está na Suprema Corte. que tá na mão da Rosa Weber."	VOZ: Vladmir Netto.
10	OFF: mostra imagens do edifício da Polícia Federal. 	<Após> o diálogo com Dilma, Lula conversa então com o ministro chefe da Casa Civil >Jaques Wagner< e solicita que ele converse com Dilma, a respeito do: negócio da Rosa Weber.	VOZ: Vladmir Netto.
11	FOCO SELETIVO: trechos de um texto são focalizados em destaque, enquanto outros trechos aparecem desfocados. Ao fundo, vê-se a tubulação enferrujada e notas de R$ 100,00 despejadas. 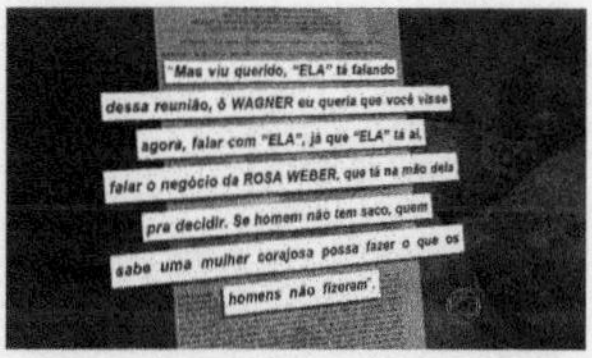 	Lula falou, "Mas viu querido? ela tá falando dessa reunião ó Wagner, eu queria que você visse agora, falar com e:la, já que ela tá aí: Falar o negócio da Rosa Weber que tá na mão dela pra >decidir<. Se homem não tem saco, ↑quem sabe uma mulher corajosa ↓possa fazer o que os homens não fizeram."	VOZ: Vladmir Netto.
12	OFF: mostra imagens do edifício da Polícia Federal. 	A ministra Rosa Weber negou o pedido da defesa de Lula, porque entendeu que <não houve ilegalidade> nas duas ↓investigações. <Em outro telefonema> um homem identificado como >Roberto Carlos<, deixa claro que o ministério serve de foro privilegiado para <Lula>.	VOZ: Vladmir Netto.

"JUSTIÇA TORNA PÚBLICO UM DIÁLOGO ENTRE LULA E A PRESIDENTE DILMA ROUSSEFF"

<table>
<tr><th>PLANO</th><th>DIMENSÃO VISUAL</th><th>DIMENSÃO VERBAL</th><th>DIMENSÃO SONORA</th></tr>
<tr><td>13</td><td>FOCO SELETIVO: trechos de um texto são focalizados em destaque, enquanto outros trechos aparecem desfocados.
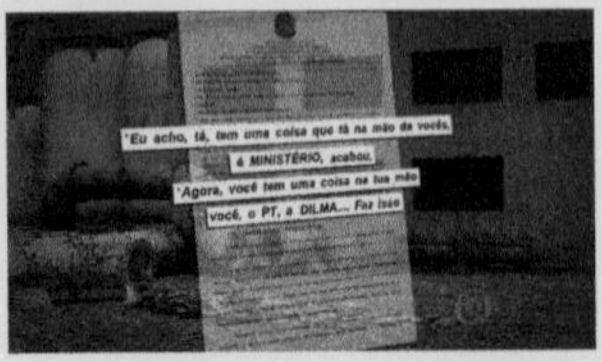
</td><td>Roberto Carlos fala. "Eu a:cho, tá: >tem uma coisa que tá na mão de< vocês: é ministério acabou." Roberto Carlos continua, "<Agora>, você tem uma coisa na ↑tua mão, você: o Petê: a Dilma, vai ter porrada? Vão criticar? E daí? Numa boa, você resolve outro problema, que é o problema da <governabilidade>"</td><td>VOZ: Vladmir Netto.</td></tr>
<tr><td>14</td><td>PLANO MÉDIO FRONTAL: enquadra William Bonner sentado à bancada do JN. Ao fundo, o símbolo do JN e a redação do editorial em atividade.

</td><td>hh ↑Numa conversa gravada, no dia vinte e sete de fevereiro, o <ex-presidente Lula fala com Paulo de Tarso Vanucchi, ex-ministro da secretaria de Direitos Humanos do governo Lula>. ↑De acordo com a Polícia Federal, <há indícios de que no diálogo Lula estedja se referindo ao novo ministro da Justiça Eugênio Aragão que também é subprocurador-geral ↓da República>.

Lula diz assim. Abre aspas "O problema é o seguinte, Paulinho, nós temos que comprar essa briga, eu sei que é difícil, sabe? Eu as vezes fico pensando até que o Aragão deveria cumpri: um papel de homem naquela:" e o presidente diz um palavrão, "porque: o Aragão parece nosso amigo? <pare:ce, pare:ce> mas tá sempre dizendo ↑o:lha" ↓fecha aspas.</td><td>VOZ: William Bonner.</td></tr>
</table>

"JUSTIÇA TORNA PÚBLICO UM DIÁLOGO ENTRE LULA E A PRESIDENTE DILMA ROUSSEFF"

PLANO	DIMENSÃO VISUAL	DIMENSÃO VERBAL	DIMENSÃO SONORA
15	PLANO MÉDIO FRONTAL: enquadra Renata Vasconcellos sentada à bancada do JN. Ao fundo, o símbolo do JN e a redação do editorial em atividade. 	hh <Na. Introdução. da degravação de uma conversa entre Lula e o advogado> Luiz Carlos Sigmaringa Seixas ocorrida no dia 7 de março, ↑os investigadores dizem que <neste trecho> Lula diz que o PGR recusou quatro pedidos de investigação do Aécio >de Aécio Neves< e aceitou o único pedido de investigação <da Lils>. Ele fala que essa é a GRATIDÃO do: PGR por ter sido nomea:do procurador. Sigmaringa diz que vai fazer uma petição formal e jogar para a imprensa, para <Constranger> o PGR.	VOZ: Renata Vasconcellos.

"JUSTIÇA TORNA PÚBLICO UM DIÁLOGO ENTRE LULA E A PRESIDENTE DILMA ROUSSEFF"

PLANO	DIMENSÃO VISUAL	DIMENSÃO VERBAL	DIMENSÃO SONORA
16	OFF: exibe trechos do áudio da conversa entre Lula e Dilma Rousseff. Ao lado das falas transcritas, suas respectivas fotos.  	Lula diz, abre aspas. "Eu não sei o quê que eu pedi. pra você de manhã, Mas... era uma coisa simples, que não precisava de formalida:de. Sigmaringa Seixas pergunta, "Não: mas. Simples, ele, >vai dizer não<. Ele não vai <receber>. Eu conversei com gente só. Lula diz, "É porque ele recusou quatro pedidos de investigação ao <Aécio> e aceitou a ↑primeira de um bandido do Acre contra mim. Sigmaringa, responde, "Pois é. mas se fizer uma petiçã:o Lula diz. Essa é a gratidão. Essa é a gratidão dele por ele ser procurador. Sigmaringa reponde. "Pois é. Mas ele se tiver: >Se a gente formalizar inclusive<, jogando pra impre:nsa, ele vai ficar constrangi:do. Se for lá conversar com e:le, ele diz não e pronto. Ou: não diz, né? Lula diz. A Sigmaringa, "Então conversa com o Cristiano".	VOZ: Renata Vasconcelos.

"JUSTIÇA TORNA PÚBLICO UM DIÁLOGO ENTRE LULA E A PRESIDENTE DILMA ROUSSEFF"

PLANO	DIMENSÃO VISUAL	DIMENSÃO VERBAL	DIMENSÃO SONORA
17	PLANO PRÓXIMO: enquadra William Bonner.   	hh No dia sete de março, a Polícia Federal interceptou uma conversa entre o ex-presidente Lu:la e. o: prefeito do Rio de Janeiro, Edua:rdo Paes. O prefeito diz que está sofrendo, e Lula, <reba:te> dizendo que: ele é abençoado ↓por Deus, por causa das Olimpíadas. O prefeito Eduardo Paes afirma então, que: fazer Olimpíada com Lu:la: e Sergio Cabral, ↑é uma coisa, mas: s:egura:r com aquele bom humor da Dilma, e do Pezão↑ Lula comenta, "Não é fácil querido".	VOZ: William Bonner. Ouve-se o som resultante do movimento de abertura da boca em consonância com a língua posicionada entre o palato e os dentes.

"JUSTIÇA TORNA PÚBLICO UM DIÁLOGO ENTRE LULA E A PRESIDENTE DILMA ROUSSEFF"

PLANO	DIMENSÃO VISUAL	DIMENSÃO VERBAL	DIMENSÃO SONORA
17	 	A conversa segue e o prefeito do Rio afirma, "Agora da próxima vez o senho:r me para com essa vida de po:bre, com essa tua alma de po:bre, comprando esses ba:rco de: ême." Ele usou: a palavra que eu não preciso repetir aqui, "sitiozinho vagabu:ndo". E aí diz um palavrão. Isso a palavra do prefeito do Rio >Eduardo Paes<. Aí, o ex-pref- >o ex-presidente< Lula Ri. E Eduardo Paes continua, "O senhor é uma alma de po:bre, Eu? todo mundo que fala aqui no meio, eu falo o seguinte ↑imagina se fosse aqui no Rio esse sítio dele: não é em Petrópolis, não é em Itaipava. É como se fosse: em Maricá. E o prefeito diz alguns palavrões. E Lula, mais uma vez... ri.	voz: William Bonner.

“JUSTIÇA TORNA PÚBLICO UM DIÁLOGO ENTRE LULA E A PRESIDENTE DILMA ROUSSEFF”

PLANO	DIMENSÃO VISUAL	DIMENSÃO VERBAL	DIMENSÃO SONORA
18	PLANO PRÓXIMO: enquadra Renata Vasconcellos. Vasconcellos lê.  	Em ↑uma das ligações interceptadas pela Polícia Federal, o ex-presidente Lula fala para o ministro da Fazenda Nelson Barbosa acompanha:r o que a Receita Federal está fazendo junto com a POLÍCIA Federal. No diálogo Lula fala o seguinte, abre aspas. “O Nelson >↑Ô Nelson<, vou te falar uma coisa por telefone isso daqui ó, <o importante é que a Polícia Federal esteja gravando>. É preciso acompanhar o que a Rece:ita está fazendo >junto com a Polícia Federal< bicho. ↓Nelson Barbosa responde. Não é? Gagueja um pouco e depois prossegue. ↑Eles fazem parte. Lula retruca: É: mas você precisa se inteirar do que eles estão fazendo no institu:to. Se eles fizessem isso com meia dúzia de gra:ndes empresas, resolvia o problema de arrecadação do estado. Nelson Barbosa responde “↑Hum: se:i:” O ex-presidente Lula continua, “Sabe: eu acho que eles tão faz- eu acho que eles tão sendo:” E fala um palavrão.	VOZ: Renata Vasconcellos.

"JUSTIÇA TORNA PÚBLICO UM DIÁLOGO ENTRE LULA E A PRESIDENTE DILMA ROUSSEFF"

PLANO	DIMENSÃO VISUAL	DIMENSÃO VERBAL	DIMENSÃO SONORA
18		↓Nelson Barbosa responde, Tá. Lula complementa, "Tão procurando <pelo> em ovo ↓Eu acho. ↑Eu vou pedir pro Paulo Okamotto botar tudo no papel porque era preciso você chamar o responsável e falar" ↓ele fala um palavrão. ↑"vocês estão fazendo o mesmo com a Glo:bo, com Instituto Fernando Henrique Cardo:so, o mesmo com Gerda:u... o mesmo com o SBT, o mesmo com a ↑Record? ↓<Ou só com o Lula>." E o ex-presidente fala um palavrão. ↑E logo em seguida outro >palavrão<. E ↓Nelson Barbosa responde, Tá. <pede pro Paulo colocar>.	voz: Renata Vasconcellos.
19	PLANO PRÓXIMO: enquadra William Bonner. 		voz: William Bonner.

"JUSTIÇA TORNA PÚBLICO UM DIÁLOGO ENTRE LULA E A PRESIDENTE DILMA ROUSSEFF"

PLANO	DIMENSÃO VISUAL	DIMENSÃO VERBAL	DIMENSÃO SONORA
19		Numa conversa gravada hoje à tarde por volta de uma e me:ia da tarde de hoje, e depois do anúncio, >de que Lula seria ministro da Casa Civil<, a presidente Dilma Housseff, liga para o celular do segura:nça <de Lula> ↓para falar com o ex-presidente.	voz: William Bonner.
20	OFF: exibe trechos do áudio da conversa entre Lula e Dilma Rousseff. Ao lado das falas transcritas, suas respectivas fotos.	Alô:	voz: Dilma Rousseff.
		Alô.	voz: Lula.
		Lula, deixa eu te falar uma coisa.	voz: Dilma Rousseff.
		Fala, querida.	voz: Lula.
		Seguinte, eu tô mandando o Bessias junto com o papel pra gente ter ele, e só usa em caso de necessidade, que é o ↓termo de posse,	voz: Dilma Rousseff.
		Aham	voz: Lula.
		tá?	voz: Dilma Rousseff.
		Tá bom, tá bom	voz: Lula.
		Só isso, você espera aí que ele tá indo aí.	voz: Dilma Rousseff.
		Tá bom, >eu tô aqui<, eu fico aguardando.	voz: Lula.
		Tá?	voz: Dilma Rousseff.
		Tá bom.	voz: Lula.
		Tchau.	voz: Dilma Rousseff.
		Tchau querida:	voz: Lula.

"JUSTIÇA TORNA PÚBLICO UM DIÁLOGO ENTRE LULA E A PRESIDENTE DILMA ROUSSEFF"

PLANO	DIMENSÃO VISUAL	DIMENSÃO VERBAL	DIMENSÃO SONORA
21	PLANO PRÓXIMO: enquadra Renata Vasconcellos.  	O advogado-geral da União, José Eduardo Cardozo, disse que o diálogo de Dilma ao contrário da interpretação da oposição, NÃO estava dando a Lula um docume:nto para ele se livra:r de uma possível ação <policial>. ↑Segundo o ministro, a presidente estava enviando a Lula o documento chamado termo de posse, para ele assinar. Isso porque Lula, de <aco:rdo> com Cardozo, estava com <problemas> para comparecer à cerimônia de posse marcada para amanhã.	VOZ: Renata Vasconcellos.

De todas as matérias analisadas até este momento do presente estudo, a acima transcrita foi a que mais nos chamou atenção em termos de avaliação e engajamento político. Distanciando-se do discurso de isenção sustentado pelo editorial, a comunicação das conversas envolvendo o ex-presidente Lula aponta para um jornalismo politicamente engajado e denunciativo no qual a informação é transmitida por meio da dramatização dos diálogos das gravações divulgadas e pela espetacularização destas que foram responsáveis pela única temática abordada pelo Jornal Nacional de 16/03/2016.

Olhando para a divulgação dos grampos, importa primeiramente problematizar o aspecto legal envolvido na suspensão do sigilo reservado às referidas escutas telefônicas. Conforme nos lembra Lopes (2016, p. 180), a Lei 9.296, de 24/07/1996, em seu artigo 8, determina que "a interceptação de comunicação telefônica, de qualquer natureza, ocorrerá em autos apartados, apensados aos autos do inquérito policial ou do processo criminal, preservando-se o sigilo das diligências, gravações e transcrições respectivas" (BRASIL, 1996). Em relação à interceptação de conversas de autoridades com prerrogativa de foro, o artigo 102, I, b, da Constituição Federal estabelece que a guarda da Constituição compete ao Supremo Tribunal Federal, precipuamente, cabendo-lhe "as infrações penais comuns, o Presidente da República, o Vice-Presidente, os membros do Congresso Nacional, seus próprios Ministros e o Procurador-Geral da República" (BRASIL, 1988).

Diante do exposto, infere-se que a divulgação das conversas privadas do ex-presidente está em desacordo com o disposto na Lei 9.296 e fere o artigo 102, I, b, da Constituição Federal, que determina que autos de autoridades com prerrogativa de foro, como era o caso da ex-presidenta, sejam remetidos ao presidente da Suprema Corte para o encaminhamento ao Procurador-Geral da República, que seria a única autoridade com atribuição legal para avaliar a conduta da Chefe de Governo.

Para o procurador de Justiça e professor de Direito Processual Penal Rômulo de Andrade Moreira, o levantamento do sigilo anteriormente imposto à investigação e a divulgação da conversa incidem, ao menos em tese, no tipo penal previsto no artigo 4, h, da Lei nº. 4.898/65, pela prática de "ato lesivo da honra" de pessoa física "sem competência legal" (MOREIRA, 2016). O advogado Cezar Roberto Bitencourt, professor de Direito Penal da PUC do Rio Grande do Sul, afirma a ilegalidade da divulgação dos grampos e assevera: "No momento em que o telefone interceptado conecta-se com autoridade que tem foro privilegiado, o juiz não pode dar-lhe publicidade" (CANÁRIO, 2016).

Com referência ao artigo 8 da Lei 9.296/1996, o criminalista Alberto Zacharias Toron argumenta que a Lei das Interceptações é clara em dizer que os grampos telefônicos e suas respectivas transcrições são sigilosas. Já o artigo 10 diz que "constitui crime", com pena de dois a quatro anos de prisão, quebrar segredo da Justiça, conforme lembra o advogado Marcelo Leal de Lima Oliveira, do Eduardo Antônio Lucho Ferrão Advogados Associados. Existe ainda nesse caso a violação aos parágrafos 6º e 7º do artigo 7 da Lei 8.906/94, que versam sobre o sigilo profissional na comunicação profissional entre advogados e clientes.

Ainda assim, não apenas a divulgação dos grampos foi amplamente noticiada, como a ação do Juiz Sérgio Moro em suspender o sigilo reservado aos mesmos. A esse respeito, em entrevista à Veja, em 2017, o magistrado afirmou:

> Não me arrependo de forma nenhuma, embora tenha ficado consternado com a celeuma que a divulgação causou. (...) Na minha opinião, eu fiz o que a lei exigia e o que eu achei que era necessário. Não eram exatamente conversas republicanas. Não cabe ao Poder Judiciário ser guardião dos segredos sombrios dos nossos governantes (MORO, 2017).

Sérgio Moro recebeu o apoio do presidente do Conselho Federal da OAB, Claudio Lamachia, que comemorou a decisão do magistrado, afirmando que "a sociedade tem o direito de ter acesso a todas as informações". A Associação dos Juízes Federais do Brasil (Ajufe) também manifestou apoio a Moro. Em nota, disse que "as decisões tomadas pelo magistrado federal no curso deste processo foram fundamentadas e embasadas por indícios e provas técnicas de autoria e materialidade, em consonância com a legislação penal e a Constituição Federal, sempre respeitando o Estado de Direito".

Por envolver a Presidência da República, o Supremo Tribunal Federal considerou a divulgação ilegal. O ex-ministro do STF Teori Zavascki, morto em janeiro de 2017, chegou a reprimir Sérgio Moro, que, em ofício, pediu "respeitosas escusas"[45] ao Supremo, alegando ter procurado "dar publicidade ao processo e especialmente a condutas relevantes do ponto de vista jurídico e criminal do investigado". Apresentadas ao Conselho Nacional de Justiça, as denúncias por interceptação telefônica da presidenta da República, por tornar público o conteúdo dessas gravações sem autorização judicial e com objetivos não autorizados em lei e por violar o sigilo profissional na comunicação profissional entre advogados e clientes, seguem aguardando julgamento desde 2016.

No título "Justiça torna público um diálogo entre Lula e a presidente Dilma Rousseff" temos o primeiro indício de que os fatos acima elencados acerca da constitucionalidade da divulgação das gravações interceptadas não serão

---

45 A íntegra do ofício encontra-se disponível em: https://www.migalhas.com.br/arquivos/2016/3/art20160330-03.pdf. Acesso em: 02/03/2019.

considerados pela notícia, que avança sem menção aos questionamentos referentes à legalidade das interceptações. Na introdução da matéria, assim como vimos na análise anterior, Sérgio Moro é iconizado como a Justiça que tornou os diálogos públicos ("O juiz Sergio Moro suspendeu, no fim da tarde, o sigilo da 24ª fase da Operação Lava Jato" – plano 1). Dessa forma, a notícia de uma divulgação ilegal, conforme pontuou o STF, é transmitida como a ação de um magistrado que personifica a Justiça enquanto instituição. Em outras palavras, a atuação de Sérgio Moro é comunicada como uma ação da própria Justiça e, portanto, legítima.

Dado esse encaminhamento, a notícia passa à reportagem de Vladmir Netto, que apresenta detalhes sobre a interceptação e a divulgação das conversas, construindo uma espécie de contextualização para o evento principal a ser exibido em seguida. Vladmir Netto inicia a reportagem, na mesma linha da fala de Vasconcellos, reafirmando a legitimidade das interceptações divulgadas "com autorização da Justiça", entendendo-se por "Justiça" o ex-juiz Sérgio Moro, que divulgou as gravações apesar do impedimento legal para tal ("interceptações telefônicas foram feitas com autorização da Justiça" – plano 2).

Em seguida, entre a leitura de trechos das conversas interceptadas e imagens da Polícia Federal em Curitiba, as imagens do ex-presidente Lula em condução coercitiva contrastam-se com a imagem da escultura "A Justiça"[46] enquadrada em plano contrapicado (de baixo para cima), demostrando a força e a imponência de quem teria a incumbência de julgar

---

46 A escultura "A Justiça" fica localizada em frente ao prédio do Supremo Tribunal Federal, em Brasília. Criada pelo artista plástico mineiro Alfredo Ceschiatti, em 1961, a escultura é alvo de questionamentos por representar o Poder Judiciário a partir de uma mulher com os olhos vendados, segurando uma espada. A imagem, assim, traz a ideia de imparcialidade da justiça (mulher de olhos vendados) e da sua força (espada), mas não contempla a balança, que representaria a intenção de nivelar o tratamento jurídico de todos por igual. De acordo com Salgado (2019), "a Justiça, enquanto órgão do Estado brasileiro tem sofrido diversos questionamentos por parte da população, que a vê como um órgão distante, em que o que importa é a força e onde não se faz justiça. A escultura da Justiça em Brasília retrata justamente esses sentimentos: é uma Justiça que se encontra em Brasília, distante dos grandes centros urbanos; é uma Justiça só com espada, que simboliza a força estatal e principalmente, é uma Justiça sem balança para medir. A escultura da Justiça brasileira mais conhecida, certamente não representa a imagem da Justiça, enquanto deusa e enquanto órgão, que grande parte da população brasileira tem em seus ideais" (SALGADO, 2012).

os atos de Lula ("Lula falou com Dilma sobre um pedido dos advogados dele, que estava no Supremo Tribunal Federal questionando quem deveria investigá-lo" – plano 8).

Aos 3'17" da matéria que teve ao todo 9'34" de transmissão, a reportagem de Vladmir Netto terminou e teve início uma releitura das falas constantes nas gravações. Os apresentadores William Bonner e Renata Vasconcellos – no estúdio de gravação, sentados à bancada do JN – encenaram as falas divulgadas com suas próprias vozes, interpretações e entonações por 6'17".

Em termos de tempo, Bonner (2009, p. 107) explica que a forma "como" os assuntos vão aparecer no noticiário depende da complexidade do tema em questão – "quanto mais complexo um assunto maior a probabilidade de ser tratado numa reportagem maior" –, do tempo e da "disponibilidade de imagens do assunto em questão". Logo, o tempo é entendido como um critério relevante para a forma como os assuntos serão tratados no JN. Ainda sobre o tempo, Bonner (2009) afirma que os fatos elencados para o espelho (tamanho e ordem de exibição das reportagens) do editorial ocuparão "o tempo necessário para que [o fato] seja levado ao público" (BONNER, 2009, p. 145).

Assim, se o tempo é determinante para o alcance e o entendimento do assunto por parte do telespectador, imaginado pela redação do JN como o Homer Simpson, segundo declaração do próprio William Bonner[47], os 9'34" dedicados à notícia e a breve reportagem contextual, cedendo espaço aos 6'17" à encenação das falas divulgadas, evidenciam uma cartografia comunicável comprometida com a entrega do conteúdo das gravações às audiências interpeladas com tempo de exposição do conteúdo noticiado superior ao habitualmente praticado.

Lembremos que, segundo William Bonner (2009), uma edição do JN tem em média 33 minutos de material, sem contabilizar os intervalos comerciais. "Cada edição tem cerca de 25 assuntos, que podem ser apresentados por meio de reportagens, entrevistas, notas ilustradas com imagens e lidas

---

[47] No artigo "De Bonner Para Homer", publicado pela revista Carta Capital em 05/12/2005, o professor da USP, sociólogo e jornalista Laurindo Leal Filho relata o modo como William Bonner afirmou imaginar o telespectador como o Sr. Homer Simpson. Disponível em: https://www.pragmatismopolitico.com.br/2014/08/nove-mestres-da-usp-e-william-bonner.html. Acesso em: 15/09/2018.

pelos apresentadores, notas curtas sem o apoio de imagens e entrada ao vivo de repórteres" (YAMAMOTO, 2016, p. 111). A maior parte das matérias transmitidas pelo JN é apresentada com material do tipo VT, que são as vídeo transmissões preparadas com antecedência para o jornal. Nesse formato, normalmente, há uma breve introdução feita pelos âncoras que, a partir do estúdio de gravação, apresentam a notícia e encaminham o VT que segue com a reportagem (externa) a respeito do conteúdo abordado. Ao término desta, volta-se ao estúdio para a conclusão dos apresentadores, que tende a ter a mesma concisão característica da introdução.

Pensando nessa estrutura, a matéria em questão destaca-se não apenas pelo reduzido tempo de reportagem em comparação ao tempo de matéria no estúdio, como pelo não uso das gravações originais conforme prática habitual e, portanto, esperada dos meios de comunicação televisivos. Contrariando essa prática, ao interpretar as falas das gravações, a performance de Bonner e Vasconcellos quebra o padrão informativo de jornalismo sustentado pela política de verdade do Grupo Globo e assume características de um espetáculo em que atores dão vida a textos diversos.

O cenário constituído pelo estúdio do JN, em associação com a redação em funcionamento e os personagens sentados atrás da bancada, contribui para a composição da atmosfera de tensão através da qual as falas são projetadas. Tal como sinalizado na transcrição, a dramatização das falas obedeceu ao revezamento das performances dos apresentadores. Entre um corte e outro, a aparição dos apresentadores na sequência do plano anterior dá continuidade ao fluxo de apresentação, construindo uma espécie de resposta aos planos diretamente anteriores, por meio de expressões faciais avaliativas, aspirações e sons que nos remetem ao sentimento de frustração, conforme observado no plano 17.

Um exemplo dessas expressões avaliativas capturadas entre um corte e outro da matéria pode ser observado na transição do plano 18 para o plano 19. Vejamos a seguir:

PLANO	DIMENSÃO VISUAL	DIMENSÃO VERBAL	DIMENSÃO SONORA
18	PLANO PRÓXIMO: enquadra Renata Vasconcellos. 	E o ex-presidente fala um palavrão. ↑E logo em seguida outro >palavrão<. E ↓Nelson Barbosa responde, Tá. ↓<pede pro Paulo colocar>.	VOZ: Renata Vasconcellos.
19	PLANO PRÓXIMO: enquadra William Bonner. 		VOZ: William Bonner.

Como observado acima, após a leitura da resposta de Nelson Barbosa ("Tá. ↓<pede pro Paulo colocar>." – plano 18) Vasconcellos encerra o seu turno com uma expressão facial de consternação que coincide com a entonação descendente da sua voz na leitura do texto. Logo em seguida, Bonner é enquadrado e, antes de iniciar o seu turno, olha para a câmera como quem contesta a fala anterior. Tais expressões, que se repetem ao longo de toda a transmissão, evidenciam uma postura avaliativa – expressão não no plano verbal, mas no corpo – através da qual o JN avalia negativamente não apenas a nomeação do ex-presidente como ministro da Casa Civil, mas também os palavrões que são frisados pelos apresentadores a cada menção, em um movimento que articula a supressão dos palavrões constantes nos diálogos com expressões faciais avaliativas, seguidas de falas como: "Ele usou: a palavra que eu não preciso repetir aqui ele diz outro palavrão" (plano 17).

Ao todo, sete menções a palavrões são destacadas na notícia em associação às seguintes expressões faciais. Vejamos:

PLANO 14		"e o presidente diz um palavrão."
PLANO 17		"ba:rco de: ême. Ele usou: a palavra que eu não preciso repetir aqui."
		"E o prefeito diz alguns palavrões."
PLANO 18		"E fala um palavrão."
		"↓ele fala um palavrão."
		"E o ex-presidente fala um palavrão."

PLANO 18	 	↑E logo em seguida outro >palavrão<.

Expressões de consternação, como as observadas acima, permearam a notícia desde o anúncio de que a crise política no Brasil havia atingido o seu “ponto <mais> alto” (VASCONCELLOS, plano 1). Nesse cenário, a comunicabilidade operada pelo JN posiciona as gravações como o ponto alto de uma crise protagonizada pelo personagem que aparece em todos os diálogos e por aquele que dá publicidade às gravações. Assim, as gravações aparecem como o ponto de ligação entre Lula e Sérgio Moro, criminalizando o ex-presidente e consagrando o magistrado como o “homem da lei” que tornou público gravações com “indícios> de uma ação para <atra-pa-lhar> as investigações” (plano 1). Nesse movimento, Lula personifica o PT e a criminalidade associada ao partido. Por outro lado, Moro personifica uma Justiça articulada com a mídia e com manifestações populares (“O juiz Sergio Moro suspendeu, no fim da tarde, o sigilo da 24ª fase da Operação Lava Jato” – plano 1). Essa construção discursiva não foi um fato isolado, mas repetido e reiterado em várias outras reportagens feitas pelo JN, operando efeitos performativos nas dinâmicas de naturalização dos significados projetados.

No pedido de desculpas enviado pelo ex-juiz Sérgio Moro ao STF, o magistrado afirmou não ter tido a intenção de “provocar polêmicas, conflitos ou provocar constrangimentos” ao divulgar os grampos (MORO, 2016). Pela ilegalidade da divulgação, as gravações não puderam constar nos autos, mas a ostensiva exposição das mesmas através da performance orientada pela atitude avaliativa explícita dos apresentadores contribuiu para a construção da narrativa midiática que, com a cumplicidade do juiz Sérgio Moro, criminalizou o PT e contribuiu para a aceitação do discurso de impeachment como legítimo, ao que se seguiu a destituição de Dilma Rousseff (2016) e a posterior prisão do ex-presidente Lula (em 2018). É nesse sentido que Briggs (2018, p. 220) aponta que "os processos de circulação e as interações que formam suas extremidades projetadas são centrais para o que estamos aprendendo na história". Esse movimento discursivo implica um "trabalho ideológico de construção de como o conhecimento é produzido" e, dessa forma, "se torna móvel de maneiras particulares como modelos comunicáveis". Assim, as audiências foram interpeladas a partir da análise das gravações dramatizadas pelos apresentadores, com exceção do diálogo entre Lula e a presidentaem então em exercício, exibido a partir do áudio original ("Seguinte, eu tô mandando o Bessias junto com o papel pra gente ter ele, e só usa em caso de necessidade, que é o ↓termo de posse" – ROUSSEFF, plano 20).

Pensando especificamente na dramatização das falas, com base nos formatos de transmissão pontuados por Bonner (2009), entende-se que a encenação de falas ou gravações não integra o padrão habitual de recursos utilizados pelo JN. Em se tratando de gravações, duas formas de transmissão são mais usadas: (1) o áudio é apresentado juntamente com a transcrição das falas exibidas ao lado da foto de cada personagem envolvido no diálogo e (2) a conversa é transmitida em foco seletivo com a leitura de apresentador(a) ou repórter, como observado na cobertura da gravação do diálogo sobre "estancar sangria" entre Romero Jucá e Sérgio Machado (Machado: "É um aco:rdo, botar o Michel, num grande acordo nacional"/ Jucá: "↑Com o Supremo, com tudo").

Assim, por divergir do padrão de comunicação de diálogos do JN, a substituição das vozes dos personagens das gravações pela performance dos apresentadores gerou contestações. Em resposta, o JN informou que a dramatização das falas foi utilizada como um recurso diante da baixa qualidade das gravações originais, que, por sua vez, foram exibidas na edição do telejornal do dia seguinte.

VOZ: RENATA VASCONCELLOS	VOZ: SIGMARINGA
Sigmaringa reponde. "Pois é. Mas ele se tiver: >Se a gente formalizar inclusive<, jogando pra impre:nsa, ele vai ficar constrangi:do. Se for lá conversar com e:le, ele diz não e pronto. Ou: não diz, né?	>Pois é<. mas ele se tiver >se a gente formalizar<, inclusive, jogando para a imprensa, >ele vai ficar constrangido<. Se for lá conversar, ele diz não, e pronto. Ou não diz, né?
VOZ: WILLIAM BONNER	**VOZ: LULA**
Eu as vezes fico pensando até que o Aragão deveria cumpri: um papel de homem naquela:" e o presidente diz um palavrão, "porque: o Aragão parece nosso amigo? <pare:ce, pare:ce> mas tá sempre dizendo ↑o:lha" ↓fecha aspas.	Eu às vezes fico pensando até. que o Aragão deveria cumprir um papel de de de homem nessa ((censurado)), porque o Aragão parece nosso amigo, >parece parece< mas tá sempre dizendo "olha"

Ao compararmos a transcrição das falas interpretadas por William Bonner e Renata Vasconcellos (1ª coluna) à transcrição do áudio original[48] (2ª coluna), percebemos a diferença de entonação e ênfase entre elas. A percepção dessa diferença não chega a ser uma surpresa, haja vista a subjetividade inerente ao processo de interpretação. No entanto, nota-se que os pontos de divergência, não sendo aleatórios, constroem-se sobre um padrão que privilegia uma fala mais lenta, permitindo uma melhor compreensão, associada à ênfase em palavras que sugerem comprometimento em ações para "atrapalhar" as investigações ("jogando pra impre:nsa", "constrangi:do", "amigo") seguidas das expressões faciais avaliativas.

Observa-se, assim, uma cartografia comunicável pautada em apagamentos, silenciamentos, avaliações e criações de posições de sujeitos que posicionam o Juiz Sérgio Moro ao lado da legalidade em oposição ao ex-presidente Lula. Nesse sentido, ao desconsiderar a trajetória textual da legitimidade da divulgação dos grampos, silenciando as vozes das pessoas envolvidas nas gravações, o Jornal Nacional, além de impedir que o telespectador avalie os áudios originais, não oportunizou a compreensão do aspecto ilegal envolvente na divulgação dos diálogos, limitando as possibilidades de resposta a essa comunicabilidade unilateral, ostensiva e infecciosa, tendo como corolário o agravamento da crise política que culminou no impedimento do governo de Dilma Rousseff.

48 Disponível em: http://g1.globo.com/jornal-nacional/noticia/2016/05/conversa-entre-juca-e-machado-repercute-no-congresso.html. Acesso em: 19/03/2019.

A PRAGMÁTICA DA TRANSPARÊNCIA

A análise a seguir tem como proposta explorar as ideologias comunicativas subjacentes ao credo de transmissão projetado pelo Jornal Nacional a partir de uma notícia construída como resposta a um questionamento direcionado ao Grupo Globo. De acordo com Bakhtin (2003), um enunciado não pode ser visto como um objeto completo em si mesmo, mas sim "como resposta aos enunciados precedentes de um determinado campo" (p. 297). Nesses termos, entendemos que cada texto, trecho ou enunciado "rejeita, confirma, completa, baseia-se neles, subentende-os como conhecidos [e], de certo modo os leva em conta" (p. 297). Ou seja, responde a enunciados precedentes.

No sentido bakhtiniano, não raramente o JN apresenta respostas direcionadas a críticas e posicionamentos contrários ao telejornal. No intuito de captar essa característica do noticiário de apresentar respostas voltadas à construção de contranarrativas que se sobreponham aos discursos contrários ao telejornal, analiso a matéria "Globo responde a militantes do PT, Dilma e Lula"[49], tomando-a como prototípica das muitas outras matérias através das quais o JN se propõe a responder a críticas relacionadas ao seu fazer jornalístico, reafirmando a política de transparência projetada pelo telejornal.

A matéria, que foi ao ar em 17/03/2016, apresenta-se como uma proposta de resposta a um grupo posicionado como "militantes do PT, Dilma e Lula". Na análise, a partir dessa resposta, procuro dar atenção à metapragmática (i.e., a forma em que refletimos sobre os modos de uso) operada pela pragmática (i.e., o modo de uso) de transparência e isenção jornalística projetada pelo telejornal tanto na notícia em questão quanto em seu canal online (https://g1.globo.com/jornal-nacional/), onde o telejornal se posiciona como um jornalismo "pautado pela credibilidade, isenção e ética".

---

49 O jornalista e deputado federal David Miranda citou a matéria em questão em um artigo como um exemplo de cobertura tendenciosa. Após a publicação desse artigo, a notícia, inicialmente intitulada "Globo responde a militantes do PT, Dilma e Lula", teve seu título alterado para "Agravamento da crise política aumenta manifestações contra e a favor do governo". No entanto, neste trabalho optamos por permanecer com o título inicial. Disponível em: https://theintercept.com/2016/04/25/joao-roberto-marinho-me-atacou-no-guardian-e-tentou-enganar-o-mundo-eis-minha-resposta/. Acesso em: 21/10/2022.

Antes, portanto, a fim de compreender a notícia em sua historicidade, convém recordar que a matéria data de um dos momentos de maior acirramento da crise política no país, quando, após a divulgação da gravação de uma ligação entre Dilma e Lula – vazada pelo juiz Sergio Moro, em 16/03/2016, e exibida pelo JN em 17/03/2016 –, a então presidenta Dilma Rousseff empossou o ex-presidente Luiz Inácio Lula da Silva como ministro-chefe da Casa Civil em meio a uma série de protestos contra o governo e Lula em diversas regiões do Brasil.

Manifestações a favor do governo também integraram esse momento, que tem como maior característica a atmosfera de polarização política no país. A essa altura, após um ano de intensiva cobertura midiática voltada para informações, esquemas de corrupção, delações ou suspeitas associadas ao PT, o ativismo de movimentos anti-PT e pró-governo se mostravam mais acentuados, evidenciando o cenário de divisão política no país. Se, por um lado, acreditava-se que o PT havia "destruído o país", por outro defendia-se a ideia de que o governo estava sendo golpeado com o apoio do Grupo Globo, a exemplo de 1964.

De posse desse conhecimento acerca das condições envolventes da produção da notícia, podemos avançar para a análise da matéria através da qual o editor-chefe e apresentador do *JN*, William Bonner, em aparente diálogo e simetria com o discurso pró-impeachment, responde às acusações de cobertura partidária, reafirmando a política de neutralidade e isenção do "jornalismo Globo", como tento evidenciar a seguir.

"GLOBO RESPONDE A MILITANTES DO PT, DILMA E LULA"

PLANO	DIMENSÃO VISUAL	DIMENSÃO VERBAL	DIMENSÃO SONORA
1	PLANO MÉDIO FRONTAL: enquadra William Bonner sentado à bancada do JN. Ao fundo, o símbolo do JN e a redação do editorial em atividade. Bonner sorri. 	Nas últimas 24 horas, o agravamento da crise aumentou ainda mais a temperatura política do país. E também o número das manifestações nas ruas. Na ↑ ampla maioria, elas têm sido enfáticas, ↓ mas também pacíficas. E isso é bom para a democracia ((entonação suave)) porque ela se fortalece quando todo cidadão se sente livre pra tê sua voz ouvida.	VOZ: William Bonner.
2	PLANO MÉDIO: mostra dois jovens caminhando da rua. Um segura uma bandeira com a mão esquerda e eleva o braço direito. O outro faz o movimento de "vem" com a mão, olhando para a câmera. Ambos sorriem e cantam. Ao fundo, pessoas em passeata.		Coro: "Vem pra rua".
	 LEGENDA: "Rio de Janeiro, ontem".	VEM PRA RUA! VEM PRA RUA! VEM PRA RUA! FORA DILMA!	Grito do jovem à esquerda do vídeo.

"GLOBO RESPONDE A MILITANTES DO PT, DILMA E LULA"

<table>
<tr><th>PLANO</th><th>DIMENSÃO VISUAL</th><th>DIMENSÃO VERBAL</th><th>DIMENSÃO SONORA</th></tr>
<tr><td>3</td><td>PLANO GERAL: mostra jovens em passeata carregando uma faixa com a imagem de Lula e a hashtag "#Lulanacadeia".
Ao fundo, pessoas acompanham batendo palmas e cantando. Alguns carregam bandeiras do Brasil.

LEGENDA: "Salvador, ontem".</td><td>Olê olê: olê olê: Tamu na rua pra derrubar o Petê::</td><td>Coro cantado.</td></tr>
<tr><td>4</td><td>PLANO GERAL: mostra uma grande bandeira verde e amarela sendo segurada por pessoas ao longo de uma avenida.

LEGENDA: "São José do Rio Preto, ontem".</td><td>Fo:-ra PT! Fo:-ra PT!</td><td>Coro.</td></tr>
<tr><td>5</td><td>PLANO GERAL: mostra pessoas vestidas de verde e amarelo.
Veem-se bandeiras, um boneco vestido com listras pretas e brancas e uma mulher com uma camiseta do Brasil feita com paetês dourados e azuis e verdes.

LEGENDA: "Goiânia, ontem".</td><td>Polícia Federal. Orgulho nacional.</td><td>Coro (palavras de ordem).</td></tr>
</table>

"GLOBO RESPONDE A MILITANTES DO PT, DILMA E LULA"

PLANO	DIMENSÃO VISUAL	DIMENSÃO VERBAL	DIMENSÃO SONORA
6	PLANO GERAL: mostra muitas pessoas vestidas de verde e amarelo, pulando em torno de um ônibus. Veem-se bandeiras do Brasil e um boneco vestido com listras pretas e brancas sendo erguido por um homem.  LEGENDA: "Porto Alegre, ontem".	O LULA É COMUNISTA! (inaudível)	Coro.
7	PLANO GERAL: mostra pessoas, predominantemente, vestidas de verde e amarelo reunidas. Veem-se bandeiras do Brasil.  LEGENDA: "Fortaleza, ontem".	EI. DILMA. PEDE PRA SAIR.	Coro (palavras de ordem).
8	PLANO GERAL: mostra jovens com a mão direita para cima. Ao fundo, uma multidão faz o mesmo movimento.  LEGENDA: "Brasília, ontem".	FO:-RA DILMA. FO:-RA DILMA.	Coro (Palavras de ordem).

"GLOBO RESPONDE A MILITANTES DO PT, DILMA E LULA"

PLANO	DIMENSÃO VISUAL	DIMENSÃO VERBAL	DIMENSÃO SONORA
9	PLANO MÉDIO: enquadra um homem com a bandeira do Brasil sobre as costas. Com a mão direita, ele segura a bandeira na altura do peito enquanto o braço esquerdo se mantém elevado acima da cabeça.  LEGENDA: "São Paulo, ontem".	[RE-NUN -CIA. RE-NUN-CIA. SE NÃO RENUNCIÁ, O PAÍS VAI PARÁ.]	Coro (palavras de ordem).
10	PLANO PICADO: de cima para baixo, veem-se pessoas de costas para a câmera. À frente delas, um palco com pessoas sentadas nas laterais. Ao fundo e no centro do palco, um cartaz com a expressão "pela liberdade democrática".  LEGENDA: "Teatro da Universidade Católica de SP, ontem".	NÃO. VAI TER GOLPE:	Coro (palavras de ordem).
11	PLANO MÉDIO: enquadra uma mulher vestida de branco carregando uma bandeira branca com o auxílio de outras pessoas. Ela sorri e eleva o braço esquerdo, movimentando-o para cima e para baixo. Ao fundo, pessoas acompanham.  LEGENDA: "Belo Horizonte, ontem".	AMANHÃ VAI SER MAIOR. AMANHÃ VAI SER MAIOR.	Coro (gritos de ordem).

"GLOBO RESPONDE A MILITANTES DO PT, DILMA E LULA"

PLANO	DIMENSÃO VISUAL	DIMENSÃO VERBAL	DIMENSÃO SONORA
12	PLANO GERAL: mostra pessoas sentadas de frente para a câmera, que se distancia. Câmera enquadra pessoas de costas. À frente delas, Dilma ao púlpito. Ao fundo, Lula, Lindbergh e outros três homens observam sentados.  LEGENDA: "Palácio do Planalto, hoje".	O POVO NÃO É BOBO. ABAIXO A REDE GLOBO.	Coro (palavras de ordem).
13	PLANO: imagem de carros.  LEGENDA: "Rio de Janeiro, hoje".	É o buzinaço é o buzinaço. É a posse do Lula.	VOZ: homem não identificado. Som de buzinas.
14	CONTRAPICADO: mostra pessoas, em janelas de apartamentos, batendo panelas e assoprando apitos.  LEGENDA: "São Paulo, hoje".	________	Som de apitos, buzinas e panelas.

"GLOBO RESPONDE A MILITANTES DO PT, DILMA E LULA"

PLANO	DIMENSÃO VISUAL	DIMENSÃO VERBAL	DIMENSÃO SONORA
15	PLANO AMERICANO: veem-se pessoas vestidas de verde e amarelo, tocando instrumentos de percussão em ritmo de axé. Algumas tocam e dançam.  LEGENDA: "Porto Alegre, hoje".	Dá-lhe Dá-lhe Dá-lhe Dá-lhe Dá-lhe Dá-lhe Dá-lhe Bo:o: Dá-lhe Dá-lhe Dá-lhe Dá-lhe Dá-lhe Dá-lhe	Canto.
16	PLANO GERAL: mostra pessoas reunidas na rua. Algumas carregam bandeiras, cartazes e gesticulam com os braços para cima.  LEGENDA: "Recife, hoje".	FO:-RA DILMA. FO:-RA DILMA.	Coro. Buzinas.
17	PLANO GERAL: enquadra uma grande bandeira verde e amarela sendo segurada ao longo de uma avenida.  Câmera gira e enquadra pessoas em frente à Assembleia Legislativa do Rio de Janeiro, de baixo para cima.		Trecho do hino nacional cantado. Gritos, aplausos e cornetas.

"GLOBO RESPONDE A MILITANTES DO PT, DILMA E LULA"

PLANO	DIMENSÃO VISUAL	DIMENSÃO VERBAL	DIMENSÃO SONORA
17	 LEGENDA: "Rio de Janeiro, hoje".	DOS FILHOS DESTES SOL ÉS MÃE GENTIL PÁTRIA AMADA BRASIL.	
18	PLANO PRÓXIMO: enquadra William Bonner. 		VOZ: William Bonner.
	Bonner olha para a câmera e levanta as sobrancelhas.	Você viu. Na posse do:	
	Bonner levanta as sobrancelhas.	Minis:tro	
	Bonner levanta as sobrancelhas. 	Lula houve palavras de ordem contra a Rede Globo... <Entende-se> o estado de espírito dos militantes e dos políticos ligados ao PT. >principalmente depois da revelação oficial dos grampos autorizados pela justiça<,	
	Bonner faz sinal de negativo com a cabeça. 	mas nós re-pe-timos <ma:is> uma vez, <a imprensa. não pro-duz grampos. Nem con-duz investigações da polícia e da justiça.	

"GLOBO RESPONDE A MILITANTES DO PT, DILMA E LULA"

PLANO	DIMENSÃO VISUAL	DIMENSÃO VERBAL	DIMENSÃO SONORA
18	Bonner faz sinal de afirmativo com a cabeça.  	↑ A imprensa cumpre o dever de in-for-mar sobre elas sem res-tri-ções como assegura a constituição... E continuará assim.>	

A notícia é construída a partir da fala do apresentador, que introduz e contextualiza o assunto abordado, passa para um VT e retorna para a conclusão com a fala do âncora William Bonner. No VT é exibida uma compilação de vídeos contendo trechos de manifestações percebidas em nove pontos do Brasil. As imagens datam de 16/03/2016 e 17/03/2016 e foram apresentadas com legendas indicativas dos locais. As datas de ocorrência foram sinalizadas com "ontem", para as manifestações de 16/03/2016, e "hoje", para as ocorridas em 17/03/2016. Descrita a estrutura da matéria, passemos à análise.

A matéria tem início com a fala de William Bonner, que, do estúdio, lembra ao telespectador que nas últimas 24 horas houve um agravamento da crise que "aumentou ainda mais_a temperatura política do país" e a quantidade de manifestações nas ruas. Dada essa breve contextualização, o apresentador exalta a importância da liberdade de expressão e das manifestações populares para o fortalecimento da democracia, salientando, com aparente satisfação, que dessa forma "todo cidadão se sente livre pra tê sua voz ouvida".

Dessa forma, com notória satisfação pela atuação em prol da multiplicação da "voz" desse "cidadão" que, a partir do editorial, passa a figurar em todo o território nacional, em horário nobre, Bonner encerra sua primeira fala, com entonação suave e expressão de contentamento no rosto, enfatizando o quanto "é bom para a democracia" que o cidadão se sinta ouvido (plano 1).

Dando continuidade a essa fala introdutória, conforme transcrito no plano 2, o VT que introduz a série de manifestações exibidas tem início em tom publicitário com o misto de convite e convocatória ("VEM PRA RUA!" – plano 2). A expressão "Vem pra rua", como usada na manifestação em questão, surgiu em 2013 como convocação do Movimento Passe Livre (MPL) e foi passando por recontextualizações que a fizeram viajar do "grito de protesto de uma turma mais à esquerda [...] [ao] movimento criado para combater o PT" (YAMAMOTO, 2016, p. 89).

A veia publicitária do "vem pra rua" tem origem na sua composição. Escrita pelo dono da produtora Shuffle Audio, Henrique Luiz Nicolau, e interpretada pelo vocalista da banda O Rappa, Falcão, a música "Vem pra Rua"[50] foi elaborada para uma campanha da Fiat que tinha como objetivo convocar os torcedores para a "rua" e para "a maior arquibancada do Brasil" na Copa das Confederações de 2013, com a chamada "Vem com quem mais entende de rua. Vem com a Fiat". Essa proposta de estar nas ruas para participar, ao ser entextualizada pelo MPL, "brinca com a ideia de [que] ativista bom é ativista nos espaços públicos [e] traz um ar festivo quando cantado no ritmo que o MBL consagrou" – ♪ "Vem! Vem! Vem! Vem pra Rua! Contra o aumento!"[51] (YAMAMOTO, 2016, p. 88).

Nas palavras de Yamamoto (2016), a hashtag – #vemprarua – que foi idealizada como uma forma de ativismo contra o aumento de tarifas de ônibus foi apropriada pela direita, no sentido mais oportunista do termo, "tornando-a uma iniciativa de oposição ao governo petista, e da sigla quase irmã MPL, o MBL (Movimento Brasil Livre)". O movimento #vemprarua, a partir das hashtags, constrói nas redes um ativismo algorítmico, isto é, um "ativismo que contribui para divulgar a mensagem de um político ou

---

[50] A íntegra da música "Vem pra rua", elaborada pela produtora Shuffle Audio para a campanha publicitária da Fiat, está disponível em: https://www.youtube.com/watch?v=3AFMybxWiF0. Acesso em: 08/09/2018.

[51] Manifestações em que a versão da música "Vem pra rua" aparece adaptada pelo MPL em protesto contra o aumento das tarifas de ônibus podem ser observadas em: https://www.youtube.com/watch?v=yr4AI0gb0Jk. Acesso em: 08/09/2018.

movimento interagindo com a postagem de forma a acionar os algoritmos do meio para que ele aumente os rankings de popularidade dessa mensagem e de seu mensageiro" (MALY, 2018, s/p). O uso do #vemprarua, nesse sentido, impulsionou a circulação de significados e potencializou seu alcance.

Assim, em São Paulo, a partir o Movimento Passe Livre, nascia o Movimento Brasil Livre. Enquanto o MPL, supostamente criado pela esquerda, seletivamente se posicionou contra o aumento de 20 centavos das passagens de ônibus – sob responsabilidade do então prefeito, Fernando Haddad (PT), deixando de lado o aumento aplicado de forma idêntica às tarifas do metrô, de competência do então governador, Geraldo Alckimin (PSDB) –, grupos de extrema-direita, dialogando com a sigla MPL, criaram o MBL.

Sob orientação de extrema-direita assumida, o Movimento Brasil Livre veio a se tornar a linha auxiliar do então deputado federal, e atual presidente da República, Jair Messias Bolsonaro. Dessa forma, entextualizado pelo MBL, o "vem pra rua" assumiu uma roupagem de moralidade e ativismo anti-PT, entendido como símbolo de comunismo e da corrupção que "tomou conta do país nos governos PT". Nesse ativismo, o MBL se estabeleceu levantando bandeiras de "Fora PT" e "intervenção militar já".

De 2013 a 2016, esse movimento se fortaleceu e, atualmente, projeta-se como um "movimento que está mudando o Brasil", conforme indicado em sua página virtual (http://mbl.org.br/). Na página, a apresentação do movimento se faz a partir de um vídeo em que membros do MBL, usando lenços para esconder narizes e bocas (balaclavas), com vozes distorcidas por recursos de áudio, afirmam: "O câncer se espalhou por décadas e está alojado nos mais diferentes espaços. Redações de jornais, sindicatos e corporações, a escola dos seus filhos... é lá que que o inimigo se encontra" (MBL, 2018). Nesses termos, o movimento atualiza a narrativa de combate à corrupção pautada pelo discurso religioso, pela ética na política e pela "defesa da família brasileira".

Em 2014, fundamentado pelo discurso de "luta contra a corrupção"[52], o "vem pra rua" virou um movimento com página na internet (https://www.vemprarua.net/) e mais de dois milhões de seguidores no Facebook.

---

[52] Para mais detalhes sobre como o movimento se projeta, ver: https://www.vemprarua.net/o-movimento/. Acesso em: 08/09/2018.

Desde então, o movimento Vem Pra Rua e o MBL lideraram as manifestações pró-impeachment e convocaram os protestos de março de 2015 e março de 2016.

Conforme defendem Bauman e Briggs (1990), todo texto é resultado de um "discurso tornado descontextualizável". Nesse sentido, a recontextualização ou entextualização de um texto ou trecho "pode incorporar aspectos do contexto, de modo que o texto resultante carrega elementos de sua história de uso consigo" (BAUMAN; BRIGGS, 1990, p. 73). Nas palavras de Silva (2014, p. 68), "a entextualização é, assim, a própria viagem de um trecho ou excerto para além de seu contexto 'original'". Sob essa perspectiva, o "vem pra rua" composto para a campanha da Fiat viajou para além de seu contexto "original", capturando os sentidos no trânsito da campanha publicitária à campanha política. Dessa forma, o "vem pra rua" que inicia a série de manifestações apresentadas, mais que um grito de protesto, indicia um convite que, por sua vez, carrega consigo a trajetória de convocatórias lideradas por movimentos partidários ao ativismo anti-PT.

Na sequência, mais sete manifestações pró-impeachment foram apresentadas até que a primeira manifestação pró-governo aparecesse. Em oposição às palavras de ordem vinculadas ao movimento Vem Pra Rua – "FO:RA DILMA!", "Fo:-ra PT!", "O LULA É COMUNISTA!" –, surgem, intervaladas por uma manifestação pró-impeachment, as manifestações com palavras de apoio ao governo petista – "NÃO. VAI TER GOLPE:" – e repúdio à Rede Globo. E, assim, ficam evidenciados os dois posicionamentos ideológicos retratados. Em seguida, outras cinco manifestações contra o governo de Dilma e o PT são projetadas até o encerramento das imagens com o pedido de impeachment ao som do hino nacional.

A exibição dessas imagens, articulada com a marcação dos locais onde as mesmas ocorreram, projeta uma cartografia comunicável através da qual a notícia cria posições de sujeitos para os manifestantes, organizando-os em mapas morais distintos, segundo cada posicionamento ideológico manifestado. Construída a partir de uma narrativa fundamentada no dever de informar com transparência, tal cartografia vem a sinalizar o posicionamento linguístico-ideológico adotado pelo JN ao exibir as manifestações, conforme veremos a seguir.

Vestidos de verde e amarelo, carregando grandes bandeiras do Brasil, tocando instrumentos musicais, cantando palavras de ordem e o hino nacional, os manifestantes anti-PT foram – com exceção da referência aos "panelaços" – retratados a partir de espaços públicos, somando uma grande quantidade de manifestantes em planos frontais, próximos e conjuntos, indiciando participação direta, ativismo e pertencimento.

Os manifestantes pró-governo, por outro lado, foram apresentados a partir do teatro de uma universidade privada (PUC – SP) e do Palácio do Planalto, durante o discurso da presidenta, em planos picados e gerais que em nada se assemelhavam à dinâmica de posicionamento de câmeras verificada nas coberturas das manifestações anti-PT. Nestas, a equipe do JN posicionada na linha de frente dos protestos, misturada aos manifestantes, produziu e transmitiu um verdadeiro espetáculo a partir de imagens captadas do mesmo nível da rua.

Em ângulo picado (imagem do alto), o Ato pela Legalidade Democrática – que reuniu juristas, intelectuais, jornalistas, professores, escritores, estudantes e artistas na PUC – SP, em favor do governo de Dilma Rousseff – foi transmitido a partir de um distanciamento simbólico, oposto ao índice de pertencimento projetado pela proximidade das imagens relacionadas aos movimentos contra o governo. Assim, além do distanciamento do povo e de suas manifestações populares, o ato em questão também estaria distante do JN, posicionado ao lado do "cidadão" e "nas ruas".

De acordo com o G1, o público que não conseguiu entrar no teatro da PUC protestou do lado de fora, como mostra a foto de Lívia Machado publicada pelo G1, mas as imagens dessa manifestação – também do alto – não foram apresentadas pelo JN.

Mais próximas, as imagens do momento em que manifestantes pró-governo repetiram "O POVO NÃO É BOBO. ABAIXO A REDE GLOBO." foram cedidas pela NBR e, a exemplo da exibição do ato ocorrido na PUC, as manifestações ocorridas do lado de fora do Palácio do Planalto em favor da posse de Lula como ministro da Casa Civil e do governo Dilma também não foram exibidas.

Nesse campo de forças, os pontos de origem das manifestações apresentadas indiciam a produção de posições sociais através da qual as pessoas posicionadas como manifestantes pró-governo, a partir da PUC – SP, são escaladas para ocupar posições de acadêmicos oriundos de uma instituição de ensino superior ocupada pela elite da sociedade paulistana. Outros, a partir do Palácio do Planalto, são localizados como militantes, políticos ou convidados presentes no discurso da então presidenta num local de acesso restrito como o Palácio do Planalto. Sob perspectiva distinta, os manifestantes anti-PT são retratados a partir de espaços públicos, recrutados como "cidadãos" imbricados no exercício da cidadania, conforme enfatizado por Bonner no início da notícia.

Ainda em relação aos posicionamentos ideológicos apresentados, importa observar o tratamento diferenciado ofertado a cada lado representado em termos de proporção numérica e tempo. Voltando às imagens exibidas, temos um total de 16 manifestações ocorridas sem citar lugares. Destas, 14 convergiam quanto à narrativa pró-impeachment que atualiza o discurso anticorrupção em defesa da derrubada do PT como alternativa ao cenário de corrupção entendido como resultado dos 13 anos de governo do Partido dos Trabalhadores.

Com palavras de apoio ao governo de Dilma Rousseff e contra a Rede Globo, a voz dissonante ao discurso de impeachment foi exibida em dois momentos, um "ontem" e outro "hoje". Nesse sentido, a inferioridade numérica das manifestações pró-governo exibidas sugere que elas ocorram em menor quantidade e, por isso, assim foram retratadas. A esse respeito, cumpre salientar que os dias 16 e 17 de março de 2016 foram marcados por manifestações convocadas pelo MBL e pelo Vem Pra Rua. No dia 18 /03/2016, ocorreram as organizadas pelo PT.

Em termos de tempo, a matéria de 2'26" reservou 1'26" à exibição das imagens de protestos. Destes 86 segundos de imagens, 75 foram dedicados à apresentação de protestos vinculados ao discurso pró-impeachment e os outros 11 segundos ficaram a cargo da exposição das duas manifestações relacionadas ao discurso pró-governo. Ou seja, 85% das imagens apresentadas expressavam a voz da parcela da população favorável à destituição de Dilma Rousseff e o tempo dedicado a cada matéria variou entre três e 14 segundos, o que daria uma média de cinco a seis segundos por matéria.

No entanto, o tempo dedicado a cada manifestação exibida como representativa do discurso pró-governo, somado, não chega aos 14 segundos reservados ao protesto que encerrou a série de manifestações exibidas com uma multidão vestida de verde e amarelo, carregando bandeiras do Brasil e cartazes anticomunismo ao som do hino nacional. Em outras palavras, as duas manifestações pró-governo ocuparam menos tempo do que o último protesto pró-impeachment exibido.

Lembremos que, conforme pontuado na seção anterior, o tempo é defendido por Bonner (2009, p. 107) como um fator determinante para o alcance e entendimento do assunto por parte do telespectador, imaginado pelo apresentador e tratado pela redação como o pai de família preguiçoso, acima do peso e de raciocínio lento que adora ficar no sofá, comendo rosquinhas e bebendo cerveja, Homer Simpson. Assim, a superioridade de tempo ofertada às imagens com pedidos de "Fora Dilma", "Fora PT", buzinaços[53] e afins demonstra uma exposição assimétrica. Considerando a lógica defendida por Bonner (2009) de que o telespectador, visto como um "Sr. Homer", precisa de tempo para alcançar o entendimento dos assuntos transmitidos, tal assimetria evidencia o comprometimento do editorial para com a interpelação do discurso pró-impeachment exibido em superioridade numérica e de duração em comparação à exibição das manifestações contra o golpe e a Rede Globo.

Na transição do plano 17 para o plano que conclui a notícia, a câmera enquadra William Bonner em estado de satisfação (músculos ao redor dos olhos contraídos, bochechas e cantos externos dos lábios direcionados para cima), olhando para o monitor que acabava de projetar a imagem de pessoas vestidas de verde e amarelo cantando um trecho do hino nacional, como transcrito no plano 17. Após esse momento de contemplação e admiração, o editor-chefe e apresentador do JN volta-se para a câmera e inicia a resposta da Globo a militantes do PT, de Dilma e Lula, afirmando que a reação "dos militantes e dos políticos ligados ao PT" é compreensível diante da exibição da conversa entre Dilma e Lula, transmitida pelo JN em 16/03/2016. Mesmo não havendo um pronunciamento dos manifestantes contrários à Rede Globo, o apresentador afirma que o motivo pelo qual aquelas pessoas criticaram a emissora reside na "revelação oficial dos grampos autorizados pela justiça" (linhas 41-42).

---

53 Nos referimos às manifestações populares, em que as buzinas foram acionadas como forma de demonstrar adesão à destituição de Dilma Rousseff.

Tal cartografia comunicável, além de ignorar os múltiplos mapas comunicáveis das narrativas contrárias ao Grupo Globo, desconsiderando uma complexa rede de relações políticas, sociais e intertextuais, reivindica a legitimidade dos grampos, oficialmente, autorizados e divulgados pela imprensa, posicionada sob o dever de informar. Ao afirmar que os grampos foram autorizados pela "justiça", o apresentador deslegitima a Justiça que, através do Supremo Tribunal Federal, reconheceu a ilegalidade da referida gravação por caracterizar usurpação de competência, uma vez que uma interceptação telefônica feita contra uma autoridade com foro, por prerrogativa, só poderia ser determinada pelo STF. Dessa forma, o então relator da Lava Jato no STF, Teori Zavascki, declarou a nulidade do conteúdo das conversas telefônicas interceptadas, asseverando o comprometimento jurídico da divulgação em questão "não só em razão da usurpação de competência, mas também, de maneira ainda mais clara, pelo levantamento de sigilo das conversações telefônicas interceptadas" (BRASIL, 2016, p. 16).

Conforme assegura a Lei das Interceptações (9.296/1996), os grampos telefônicos e suas respectivas transcrições são sigilosas e a quebra de segredo de justiça constitui crime, com pena de dois a quatro anos de prisão. No entanto, apesar de inconstitucional e juridicamente contestável, a atitude de Sérgio Moro foi validada e reconhecida pelo JN como legítima – "oficial". Nessa dinâmica, ao mesmo tempo que a desaprovação do STF a respeito da divulgação dos grampos e da atuação do juiz responsável pela Operação Lava Jato na primeira instância da Justiça Federal é apagada da notícia, o JN defende a legalidade dos grampos divulgados "pela justiça", que, apesar de impedida de divulgar conteúdos de conversas entre autoridades com prerrogativa de foro, autorizou "a revelação oficial dos grampos" ilegais.

Nesse momento, em um movimento contrário ao padrão de personificação da justiça observado na seção "A espetacularização do Judiciário", ao anunciar a revelação dos grampos considerados ilegais pelo STF, o apresentador preserva o nome do juiz Sérgio Moro, responsável pelo vazamento da referida gravação, selecionando a designação "justiça" em referência à instituição responsável pela divulgação em questão.

Em seguida, na primeira pessoa do plural, Bonner projeta a contranarrativa à crítica ao Grupo Globo, enfatizando que os grampos oficiais foram "autorizados pela justiça" ("divulgação oficial dos grampos autorizados pela justiça<, mas nós re-pe-timos mais uma vez, <a imprensa. ((levantando as sobrancelhas)) não pro-duz grampos."). Com uma fala lenta, incisiva e rica em expressões faciais e corporais, William Bonner não só repete "mais uma vez" que a Globo ("nós") não produz provas nem conduz investigações, como unifica Globo e JN através do pronome pessoal "nós" em oposição a "militantes". Assim, em posição contrária àqueles posicionados como "militantes", ao mesmo tempo que o JN afirma apenas cumprir seu dever de informar "sem res-tri-ções como assegura_a constituição", ele acentua seu direito constitucional de fazê-lo e finaliza comunicando aos "militantes" que "continuará assim".

Como afirma Rajagopalan (2003, p. 76), "as identidades são reivindicadas para fins estratégicos". Nesse sentido, a ordem simbólica operada pelas polarizações "nós" (JN) vs. "militantes" e cidadãos vs. "militantes" atua na manutenção da ideologia linguística do JN, uma vez que a credibilidade do discurso de transparência sustentado na contranarrativa ao discurso anti-Globo depende da deslegitimação dos manifestantes pró-governo enquanto cidadãos. O JN responde não só a militantes do PT, de Dilma e Lula – vistos como um todo –, mas a todos aqueles que se posicionam a favor do Governo PT ou contra o processo de impeachment, automaticamente recrutados como "militantes do PT". Nessa criação de posições de sujeitos, o JN opta por recrutar como povo aquele grupo que pede pelo impeachment, de modo que a partir dessa estratégia de universalização constrói-se uma unidade de voz e verdade que responde ao cidadão (pró-impeachment) que precisa ser ouvido.

Imbricada nessa vontade de verdade, a fala final de William Bonner desconsidera as trajetórias textuais das palavras de ordem contra a Globo ("O POVO NÃO É BOBO. ABAIXO A REDE GLOBO") e, com isso, ao insinuar que o motivo da reação dos "militantes do PT, Dilma e Lula" relaciona-se apenas à "revelação" dos grampos referentes à polêmica conversa entre Dilma e Lula, o apresentador dissimula a crítica ao Grupo Globo sob a imposição de uma relação de poder notoriamente assimétrica através da qual o JN, a um só tempo, mostra a crítica direcionada à Globo e nega espaço ao debate imparcial da mesma, apresentando aos "militantes" uma pronta contestação pautada no discurso de comprometimento com "o dever de in-for-mar"._

Por fim, a contranarrativa ao discurso de oposição à Rede Globo é construída a partir da afirmação da legalidade dos grampos oficialmente revelados pela Justiça, seguida pela narrativa de comprometimento com a informação, que, por sua vez, atualiza o discurso de transparência postulado pelo jornalismo do Grupo Globo, atribuindo caráter de oficialidade aos grampos exibidos pelo JN.

Segundo Bonner (2009, p. 17), o objetivo do JN é "mostrar aquilo que de mais importante aconteceu no Brasil e no mundo [...] com isenção, pluralidade e correção". Nos termos da comunicabilidade, essa ideologia linguística defendida pelo jornalista opera como uma câmera escura, invertendo a imagem projetada e legitimando a cobertura em termos de "isenção, pluralidade e correção". Tal ideologia linguística fornece uma metapragmática que, ao sustentar a pragmática de transparência projetada, confere normalidade à inversão da ilegalidade dos grampos projetados como legítimos e oficiais. Assim, na matéria analisada, sob a mediação de William Bonner, o discurso de transparência do JN opera uma cartografia comunicável pautada na legitimação da política de voz e verdade ostentada pelo Jornal Nacional, através dos princípios editoriais do telejornal.

Nesse movimento, a proposta de resposta transmitida parte da exaltação das manifestações como benefício democrático, passa pelo convite aos "cidadãos" para o exercício da cidadania com o "vem pra rua" e aterrissa nas inflamadas repreensão e advertência direcionadas aos "militantes do PT, Dilma e Lula". A pragmática de transparência observada forja uma metapragmática que se estabelece sob a valorização das manifestações pró-governo, a redução dos manifestantes pró-governo a "militantes" e a exclusão dos argumentos contrários ao Grupo Globo, operando um mapa comunicável que, por sua vez, privilegia o posicionamento ideológico que, desde 1965[54], parece orientar a atuação do Grupo Globo frente às questões políticas e econômicas nos cenários nacional e internacional.

[54] Ano da criação da Rede Globo.

“PELA MEMÓRIA DO CORONEL CARLOS ALBERTO BRILHANTE USTRA”

> Nos discursos dos representantes do povo havia tudo o que se possa imaginar: lembranças aos netos, xingamentos contra a educação sexual nas escolas, paz em Jerusalém, elogio a um torturador do antigo governo militar, o jubileu de uma cidade e assim por diante (FISCHERMANN, 2016).

A análise que encerra o presente estudo marca o avanço do processo de impeachment contra o governo de Dilma Rousseff no Parlamento e a cessão de uma sequência de 13 anos do Partido dos Trabalhadores na presidência do Brasil. No dia 17/04/2016, a admissibilidade do processo instaurado contra o governo de Dilma Rousseff foi submetida à aprovação da Câmara dos Deputados, presidida pelo deputado Eduardo Cunha (MDB).

A votação pelo prosseguimento do processo teve seis horas de duração, com direito a discursos emocionados, cartazes, bandeiras, cornetas, confetes e transmissão ao vivo em rede nacional. Na TV aberta, a votação foi ostensivamente transmitida pela Record, pela Bandeirantes, pela EBC e pela Globo. Na Globo, em atenção à votação, naquele domingo o “Domingão do Faustão” e o futebol dominical, tradicionalmente transmitidos pela emissora, não foram ao ar. Em vez disso, os correspondentes Alexandre Garcia e Heraldo Pereira e o apresentador William Bonner comunicaram o que este chamou de “momento histórico”.

A admissibilidade do processo na Câmara também foi amplamente repercutida pela mídia internacional, que parecia não compreender a legitimidade de um processo instaurado e comandado por um dos alvos da Operação Lava Jato, bem como a ausência de provas substanciais contra o governo então questionado. A esse respeito, o Washington Post noticiou: “Mais da metade dos parlamentares que lideraram o impeachment estão sendo investigados por suspeita de corrupção, suborno e outros delitos, incluindo Eduardo Cunha, o presidente da Câmara, que orquestrou a votação” (PHILLIPS AND MIROFF, 2016). No entanto, o grande destaque de jornais e revistas norte-americanos, europeus e latino-americanos, desde os mais descritivos aos mais analíticos, foi a atuação dos congressistas que, em suas votações, evocaram Deus e familiares, no que o El País chamou de "Circo e Constrangimento na Câmara dos Deputados".

Nesse cenário, além do envolvimento dos congressistas que gritavam pelo "fim da corrupção" em delitos de corrupção, chamou atenção o aspecto "carnavalesco" da votação ressaltado pelo Washington Post ("o momento carnavalesco em que confetes voaram pela Câmara dos Deputados") e pelo site alemão Die Zeit, que afirmou que a votação na Câmara "mais parecia um carnaval" e que uma pessoa desavisada que visse a sessão não poderia ter ideia da gravidade da situação.

No Jornal Nacional, a notícia dessa votação de repercussão internacional foi apresentada a partir do elevado número de congressistas presentes e da elucidação da distribuição dos votos por partido e por região, como veremos na transcrição a seguir.

"CONGRESSO LOTADO VOTA PELO PROSSEGUIMENTO DO PROCESSO DE IMPEACHMENT"

PLANO	DIMENSÃO VISUAL	DIMENSÃO VERBAL	DIMENSÃO SONORA
1	PLANO MÉDIO FRONTAL: enquadra William Bonner e Renata Vasconcellos sentados à bancada do JN. Ao fundo, o símbolo do JN e a redação do editorial em atividade.  Bonner organiza papéis dispostos na mesa e olha para Vasconcellos enquanto ela fala.	O Brasil passou o domingo acompanhando a sessão de votação no plenário da Câmara.	VOZ: Renata Vasconcellos.
2	PLANO MÉDIO: enquadra Renata Vasconcellos sentada à bancada do JN com os cotovelos apoiados na bancada. Ao fundo, o símbolo do JN e a redação do editorial em atividade.		

"CONGRESSO LOTADO VOTA PELO PROSSEGUIMENTO DO PROCESSO DE IMPEACHMENT"

PLANO	DIMENSÃO VISUAL	DIMENSÃO VERBAL	DIMENSÃO SONORA
2		O Congresso estava lotado.	VOZ: Renata Vasconcellos.
3	OFF: mostra um homem ao microfone. Ao fundo, pessoas observam. 	Um microfone e	VOZ: Júlio Mosquéra.
4	OFF: mostra parte interna do plenário em plano aberto. Veem-se pessoas de costas para a câmera em frente à bancada do presidente da Câmara. 	um pequeno palco no centro do plenário.	VOZ: Júlio Mosquéra.
5	OFF: mostra um homem envolto na bandeira. Ele ergue o braço direito e o movimenta para frente e para trás. 	Dali, a cada voto, deputados aplaudiam	VOZ: Júlio Mosquéra. Aplausos e gritos.

"CONGRESSO LOTADO VOTA PELO PROSSEGUIMENTO DO PROCESSO DE IMPEACHMENT"

PLANO	DIMENSÃO VISUAL	DIMENSÃO VERBAL	DIMENSÃO SONORA
6	OFF: mostra diversas pessoas reunidas. 	e vaiavam. "Não".	VOZ: Júlio Mosquéra. Coro. Aplausos e gritos.
7	OFF / GERAL PANORÂMICO: mostra o plenário em plano geral. A câmera avança para a direita, captando uma imagem panorâmica do local. 	Dos quinhentos e treze deputados, só dois faltaram.	VOZ: Júlio Mosquéra.
8	OFF: vê-se Clarissa Garotinho em plano próximo, falando e apontando em direção à câmera. Ao fundo, veem-se câmeras. Alguns homens observam. Um fotografa. 	Clarissa Garotinho, do PR do Rio de Janeiro, nas semanas finais de gravidez, e	VOZ: Júlio Mosquéra.
9	OFF: mostra Aníbal Pereira falando ao púlpito. 	Aníbal Gomes, do PMDB do Ceará, ↓que operou a coluna.	VOZ: Júlio Mosquéra.

"CONGRESSO LOTADO VOTA PELO PROSSEGUIMENTO DO PROCESSO DE IMPEACHMENT"

PLANO	DIMENSÃO VISUAL	DIMENSÃO VERBAL	DIMENSÃO SONORA
10	OFF: mostra um homem erguendo e sacudindo uma bandeira. O movimento se conclui com a imagem dos congressistas no plenário.  	Desde o início da votação, a proporção de votos pró-impeachment foi maior.	VOZ: Júlio Mosquéra.
11	PLANO PRÓXIMO: enquadra Carlos Sampaio. Ao fundo, congressistas observam. Um deles gesticula com a mão, que segura um tecido verde, para frente e para trás em movimentos curtos e sorri.  LEGENDA: "Dep Carlos Sampaio, PSDB-SP".	<Brasileiros e brasileiras>, para que a decência, se sobreponha a este governo moralmente desonesto, o meu voto é sim.	VOZ: deputado Carlos Sampaio (PSDB-SP).

"CONGRESSO LOTADO VOTA PELO PROSSEGUIMENTO DO PROCESSO DE IMPEACHMENT"

PLANO	DIMENSÃO VISUAL	DIMENSÃO VERBAL	DIMENSÃO SONORA
12	PLANO PRÓXIMO: enquadra Miro Teixeira. Com as sobrancelhas baixas, contraídas e em disposição oblíqua (raiva), Miro Teixeira fala ao microfone e gesticula com a mão direita. A imagem de Ciro aparece no telão de contagem de votos.  LEGENDA: "Miro Teixeira, Rede-RJ".	HOJE, O PROCESSO AQUI É <DILMA ROUSSEFFI:> AQUI. TEMOS QUE JULGAR O MENSALÃO INCLUSIVE, E COMEÇAR A VOLTAR, COMEÇAR A VOLTAR NO TEMPO PARA VER COMO ISSO COMEÇOU; E, QUANTO MAIORES FOREM AS PROVOCAÇÕES, MAIS VOLTAREMOS NO TEMPO E VAMOS VER O PETROLÃO, PORQUE ESSE PROCESSO CONTRA DILMA ROUSSEFF PERMITIRÁ FORTALECER A LAVA JATO E. <aprofundar as investigações do petróleo>. NINGUÉM AQUI TEM MEDO DE NINGUÉM. Eu comecei dizendo voto sim.	VOZ: Miro Teixeira (Rede-RJ). Assobios, vaias, gritos.
13	OFF: enquadra uma mulher com uma faixa com a mensagem "não ao golpe". Ela fala ao púlpito e gesticula com a mão direita. 	Governistas votavam, e defendiam a presidente Dilma.	VOZ: Júlio Mosquéra.

"CONGRESSO LOTADO VOTA PELO PROSSEGUIMENTO DO PROCESSO DE IMPEACHMENT"

PLANO	DIMENSÃO VISUAL	DIMENSÃO VERBAL	DIMENSÃO SONORA
14	PLANO PRÓXIMO: enquadra Arlindo Chinaglia. Ao fundo, congressistas observam. O homem com o tecido verde, mencionado no plano 4, repete o movimento com o tecido nas mãos e fala olhando para a câmera.  LEGENDA: "Dep. Arlindo Chinaglia, PT-SP".	O caminho mais curto para garantir a vontade popular, e representar o povo brasileiro, é respeitar, o >resultado das eleições<. A segurança desse processo. é garantida pela Constituição. Então, <em defesa da democracia, em defesa da Constituição>, em defesa de homens e mulheres que estão nas ruas hoje e que estiveram sempre nas ruas em defesa da democracia, meu voto é NÃO.	VOZ: deputado Arlindo Chinaglia (PT-SP).
15	PRÓXIMO: mostra congressistas sorrindo e gesticulando em plano próximo. 	Às onze horas e sete minutos da noite, o voto <decisivo>. o de número trezentos Sou brasile:iro: com muito	VOZ: Júlio Mosquéra. Coro cantado.
16	GERAL PICADO: mostra congressistas reunidos. Confetes caem sobre eles e cartazes com a mensagem "tchau querida" são erguidos. Pessoas pulam, sorriem, cantam e gesticulam. 	e quarenta e dois. pelo [prosseguimento do processo de impeachment. do deputado Bruno Araújo. do PSDB de Pernambuco.] Orgu:lho: com muito amo::r	VOZ: Júlio Mosquéra. Coro cantado.

"CONGRESSO LOTADO VOTA PELO PROSSEGUIMENTO DO PROCESSO DE IMPEACHMENT"

PLANO	DIMENSÃO VISUAL	DIMENSÃO VERBAL	DIMENSÃO SONORA
17	PLANO PRÓXIMO: Bruno Araújo. Ao fundo, congressistas observam e gesticulam.  LEGENDA: "Bruno Araújo, PSDB-PE, vice-líder do partido.".	QUANTA HONRA O DESTINO ME RESERVOU DE PUDÊ, DA MINHA VOZ, SAIR O GRITO DE ESPERANÇA DE MILHÕES DE BRASILEIROS. SENHORAS E SENHORES, PERNAMBUCO NUNCA FALTOU AO BRASIL. CARREGO COMIGO NOSSAS HISTÓRIAS DE LUTA PELA LIBERDADE E PELA DEMOCRACIA: POR ISSO EU DIGO AO BRASIL. SIM PELO FUTURO: O::	VOZ: deputado Bruno Araújo (PSDB-PE), vice-líder do partido. Gritos. Gritos.
18	PLANO CONTRAPICADO: mostra o congresso do segundo antar para baixo. Veem-se pessoas pulando, papéis caindo na direção delas e cartazes verdes e amarelos sendo erguidos. 	Ê::	Gritos.
19	OFF: mostra uma reprodução do congresso em computação. Números da votação são projetados no centro da imagem. 	Dos quinhentos e onze deputados presentes, trezentos e sessenta e sete votaram sim, pela continuidade do processo de impeachment; cento e trinta e sete, não. E teve sete abstenções.	VOZ: Júlio Mosquéra.

"CONGRESSO LOTADO VOTA PELO PROSSEGUIMENTO DO PROCESSO DE IMPEACHMENT"

PLANO	DIMENSÃO VISUAL	DIMENSÃO VERBAL	DIMENSÃO SONORA
20	OFF: mostra uma imagem do mapa do Brasil. Regiões são destacadas de acordo com a quantidade de votos recebidos. 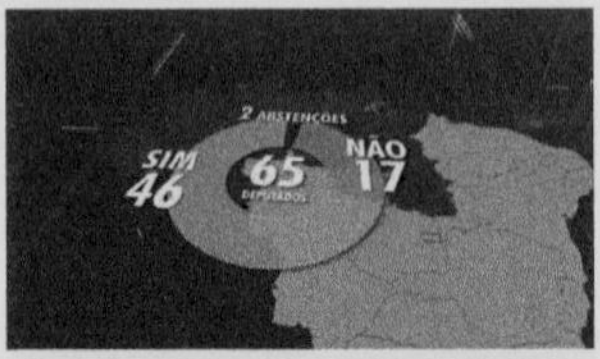 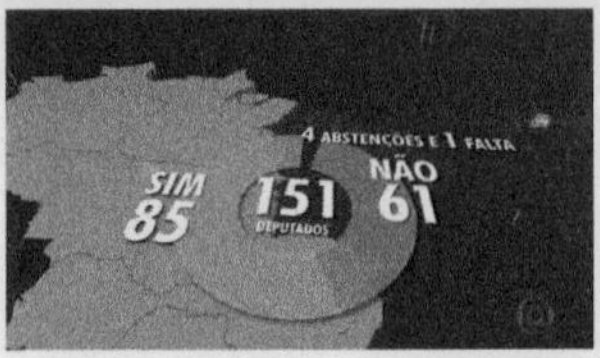 	A continuidade do processo de impeachment recebeu a maioria dos votos em <todas as regiões> do país. No Norte, quarenta e seis foram a favor, dezessete contra, e duas abstenções. ↑No Nordeste, oitenta e cinco a favor, sessenta e um contra, quatro deputados se abstiveram, e um faltou. Na região Sudeste, cento e quarenta votaram sim, trinta e oito não, e um deputado faltou. A continuidade do processo de impeachment, conseguiu. o maior percentual de votos no Centro-Oeste. <mais de oitenta porcento> do total. <Trinta e quatro sim>, sete não. No Sul, sessenta e dois sim, quatorze não, e <houve, uma abstenção>.	VOZ: Júlio Mosquéra.
21	OFF: mostra a reprodução do congresso em computação. Imagens dos partidos são projetados no centro da imagem.  	A continuidade do processo de impeachment recebeu cem porcento dos votos de nove partidos. PSDB, Democratas, PPS, Solidariedade, PRB, PSC, PSL, PV e PMB. A presidente recebeu cem porcento dos votos de três partidos: PT, PC do B e Psol. Dos dois lados houve deputados que contrariaram a orientação de seu partido. O >PMDB do vice Michel Temer< que havia encaminhado pelo sim, deu sete votos ao não; ↓cinquenta e nove votaram sim.	VOZ: Júlio Mosquéra.

"CONGRESSO LOTADO VOTA PELO PROSSEGUIMENTO DO PROCESSO DE IMPEACHMENT"

PLANO	DIMENSÃO VISUAL	DIMENSÃO VERBAL	DIMENSÃO SONORA
22	OFF: enquadra Leonardo Picciani ao microfone. 	Entre eles, o do líder do PMDB na Câmara, ↓Leonardo Picciani.	VOZ: Júlio Mosquéra.
23	OFF: enquadra Mauro Lopes de costas. Ele fala ao microfone. Ao sair, é cumprimentado e sorri. 	Já o deputado Mauro Lopes, que assumiu a secretaria da Aviação Civil, <de:safiando o partido>, e deixou o cargo para votar <a favor> da presidente, deu o voto para <prosseguir. com o processo de impeachment>.	VOZ: Júlio Mosquéra.
24	OFF: mostra dois deputados e uma deputada falando ao microfone em sequência.   	No PDT, que fechou questão contra o impeachment, seis dos dezenove deputados, votaram pelo afastamento da presidente Dilma	VOZ: Júlio Mosquéra. Gritos.

"CONGRESSO LOTADO VOTA PELO PROSSEGUIMENTO DO PROCESSO DE IMPEACHMENT"

PLANO	DIMENSÃO VISUAL	DIMENSÃO VERBAL	DIMENSÃO SONORA
25	PLANO PRÓXIMO: enquadra Pompeo de Matos em plano próximo. 	e um se ↓absteve de votar. Hoje, a direção do partido, abriu processo para expulsar os seis deputados que <contrariaram> a ↓orientação. Como decisão do meu partido, não posso votar contra e nem posso votar a favor. Eu voto pela abstenção e contra a corrupção.	VOZ: Júlio Mosquéra. VOZ: Pompeo de Matos (PDT – RS).
26	PLANO MÉDIO / PANORÂMICA: câmera enquadra Júlio Mosquéra e o acompanha. Ele fala, gesticula com a mão direita e segura o microfone com a esquerda. 	O processo sai do Salão Verde, da Câmara, e vai para o Salão <azul> ↓do Senado. Mas os deputados governistas e de oposição, disseram que, o trabalho deles não para na Câmara. Eles querem. levar a experiência vivida. lá na Câmara para ajudar os senadores na votação do Senado. Acompanhar <passo a passo, todo o processo do impeachment>.	VOZ: Júlio Mosquéra.

"CONGRESSO LOTADO VOTA PELO PROSSEGUIMENTO DO PROCESSO DE IMPEACHMENT"

PLANO	DIMENSÃO VISUAL	DIMENSÃO VERBAL	DIMENSÃO SONORA
27	OFF: mostra uma sala com pessoas sentadas de frente para uma bancada e costas para a câmera. Ao fundo, de frente para a câmera, veem-se pessoas sentadas à bancada e um cartaz com o símbolo do PT. 	O PT fez nesta segunda uma reunião para discutir como reverter a derrota no Senado.	VOZ: Júlio Mosquéra.
28	PLANO PRÓXIMO: enquadra Afonso Florence. À sua frente, microfones de emissoras diversas são segurados.  LEGENDA: "Dep. Eduardo Florence, PT-BA, líder do partido".	Tem mácula de origem, não há crime de responsabilidade. O golpe: é: perpetrado na Câmara agora foi, é: transferido ao Senado e nós vamos continuar. >no trabalho parlamentar, e no trabalho das ruas com esse movimento de massas da consciência democrática< <brasileira> >contra o golpe<.	VOZ: deputado Afonso Florence (PT-BA).
29	PLANO CONJUNTO: mostra Júlio Mosquéra e Pauderney Avelino conversando. 	A oposição vai pedir prioridade absoluta para que o caso tenha <um desfecho rápido> no Senado.	VOZ: Júlio Mosquéra.

"CONGRESSO LOTADO VOTA PELO PROSSEGUIMENTO DO PROCESSO DE IMPEACHMENT"

PLANO	DIMENSÃO VISUAL	DIMENSÃO VERBAL	DIMENSÃO SONORA
30	PLANO PRÓXIMO: enquadra Pauderney Avelino.  Legenda: "Dep. Pauderney Avelino, DEM-AM, líder do partido".	Nós. chegamos a uma situação <u>extremamente</u> difícil <u>na vi:da</u> do nosso país. E o >país requer pressa<.	VOZ: deputado Pauderney Avelino (DEM-AM), líder do partido.
31	PLANO PRÓXIMO/CLOSE: enquadra Marina Silva. A câmera avança e fecha em close. 	↑Marina Silva, da Rede Sustentabilidade, voltou a defender a cassação dos mandatos de <u>Dilma</u> e <u>Temer</u> [O que é discussão para novas [inaudível] é para [inaudível] econômicas, sociais e políticas]	VOZ: Júlio Mosquéra. VOZ: Marina Silva.
32	PLANO MÉDIO: mostra Marina Silva sentada à bancada. Ao seu lado direito, dois homens. Ao lado esquerdo, um. 	[<no processo no Tribunal Superior Eleitoral>. Há necessidade de um (fala não compreendida)]	VOZ: Júlio Mosquéra. Voz: Marina Silva.

"CONGRESSO LOTADO VOTA PELO PROSSEGUIMENTO DO PROCESSO DE IMPEACHMENT"

PLANO	DIMENSÃO VISUAL	DIMENSÃO VERBAL	DIMENSÃO SONORA
33	PLANO PRÓXIMO: enquadra Marina Silva.  LEGENDA: "Marina Silva, porta-voz Rede".	Um julgamento. no TSE. com a comprovação do uso do dinheiro ilícito do petrolão para a chapa Dilma-Temer. Se tivermos a cassação da chapa, poderá ser convocada uma nova eleição, e os brasileiros escolherem aqueles que ele acham que podem, fazer essa transição de dois anos para tirar o Brasil da crise.	VOZ: Marina Silva (Rede).
34	OFF: mostra Fernando Henrique caminhando. Em volta dele, a imprensa. 	Em São Paulo, o ex-presidente Fernando Henrique disse que o país vive sob <total normalidade democrática>.	VOZ: Júlio Mosquéra.
35	PLANO PRÓXIMO: enquadra Fernando Henrique. À sua frente, microfones são segurados. 	Primeiro ainda não há presidente interino. Por en- A presidente é: Dilma Rousseff. Vamos ver o que vai acontecer no Sena:do. Essas questões têm que ir com jeito, com calma, passo a passo. Mas o que eu quero que: me impressionou mais ontem. ↑foi o povo. Eu acho que: o povo >tá maduro<. Nós tamu passando por um momento <difícil>, e não houve conflito. Isso é muito importante. Quer dizer, é: a é o sentimento democrático está se enraizando no povo. Eu acho que é preciso manter a calma. O Brasil é de todos,	VOZ: Fernando Henrique (PSDB).

Iniciada sob uma atmosfera de tranquilidade, a notícia "Congresso lotado vota pelo prosseguimento do processo de impeachment" é apresentada por Renata Vasconcellos, que, com fala e expressão serenas, destaca a atenção nacional dedicada à votação daquele domingo a partir do público ("O Brasil passou o domingo acompanhando a sessão de votação no plenário da Câmara" – plano 1) e da representatividade popular presente na sessão plenária que decidiu pelo encaminhamento do processo contra o governo de Dilma Rousseff ao Senado ("O Congresso estava lotado" – plano 2).

Na sequência, a reportagem de Júlio Mosquéra reforça a apresentação de Vasconcellos quanto ao número de deputados presentes na sessão, enfatizando que "Dos quinhentos e treze deputados, só dois faltaram." (plano 7) por questões de saúde ("Clarissa Garotinho, do PR do Rio de Janeiro, nas semanas finais de gravidez, e Aníbal Gomes, do PMDB do Ceará, ↓que operou a coluna." – planos 8-9). Ao valorizar o quorum, apropriando-se dos números como tecnologias de verdade, o repórter comunica que a votação que decidiu pelo prosseguimento do processo de impeachment contou com a participação de 511 dos 513 deputados federais eleitos em todo o país.

A matéria, então, segue com a exibição de uma sequência de votos, começando pelos deputados federais Carlos Sampaio (PSDB – SP) e Miro Teixeira (Rede – RJ). Ambos votaram pela admissibilidade do processo ("sim") e criticaram o governo em seus turnos. Carlos Sampaio dedicou seu voto à sobreposição da "decência" ao "governo moralmente desonesto" (plano 11). Seguindo o alinhamento de pedido de julgamento para Dilma Rousseff, Miro Teixeira, exaltado, afirmou que "O MENSALÃO INCLUSIVE" deveria ser julgado na sessão ("HOJE, O PROCESSO AQUI É <DILMA ROUSSEFFI:> AQUI. TEMOS QUE JULGAR O MENSALÃO INCLUSIVE, E COMEÇAR A VOLTAR" – plano 12).

Representando o lado contrário à admissibilidade do processo ("não"), o voto de Arlindo Chinaglia (PT – SP) foi apresentado por Júlio Mosquéra como um voto governista em defesa da presidenta Dilma ("Governistas votavam, e defendiam a presidente Dilma" – plano 13). Ou seja, de acordo com a apresentação do repórter, todos os governistas estavam votando em defesa da presidenta, embora o voto de Arlindo Chinaglia, a exemplo de outros contrários ao processo, tenha sido fundamentado na garantia do resultado das eleições e da democracia ("o >resultado das eleições<. A segurança desse processo. é garantido pela Constituição." – plano 14).

Encerra essa sequência o voto do deputado federal Bruno Araújo (PSDB – PE), apresentado como o voto decisivo para a admissibilidade do processo, ao som da música de Nelson Biasoli, consagrada em 1998 como o hino da torcida nos jogos da seleção brasileira de futebol ("Sou brasile:iro: com muito, com muito orgu:lho: com muito amo::r" – plano 15). Em voz alta, o deputado exaltou a democracia, o estado de Pernambuco e manifestou estar honrado por sair da sua voz o que afirmou ser "O GRITO DE ESPERANÇA DE MILHÕES DE BRASILEIROS." (plano 17). Ao término da fala de Bruno Araújo segue-se a imagem do Congresso em celebração com gritos, pulos, cartazes ("tchau, querida!") e confetes.

Após esse momento, a reportagem volta-se para o esclarecemiento dos votos dos deputados por região e partido, com o auxílio de imagens que reforçam os números mencionados bem como a representatividade desses números no cenário nacional.

A partir da ilustração do mapa do Brasil, os votos dos deputados eleitos em cada região são apresentados como se traduzissem o resultado de um plebiscito ("A continuidade do processo de impeachment recebeu a maioria dos votos em <todas as regiões> do país." – plano 20). Através da maioria percentual dos votos dos deputados em todo o país, o JN comunica o resultado de uma unanimidade nacional favorável ao impeachment. Nesse sentido, pensando nas eleições presidenciais de 2016 e não perdendo de vista as variáveis que fazem com que as eleições de 2016, assim como a votação dos deputados na sessão plenária, não seja equivalente ao que seria o voto popular sobre a votação em questão, convém salientar que, na reportagem de Júlio Mosquéra, o Nordeste foi destacado como uma região majoritariamente favorável ao prosseguimento do processo contra o governo petista, enquanto nas eleições presidenciais de 2018 a maioria dos eleitores nordestinos votou em Fernando Haddad (PT) para a presidência do Brasil.

Em seguida, Mosquéra explica os próximos passos do processo após a votação. Ao que se segue a posição do Partido dos Trabalhadores e o pronunciamento de Marina Silva (Rede), finalizando com o parecer do ex-presidente Fernando Henrique acerca do momento político do país. Assim como observado na seção "O pedido de impeachment", a trajetória textual das investigações contra o líder da votação, Eduardo Cunha, foi desconsiderada e a matéria foi concluída após o parecer da precidenciável (em 2014 e 2018) Marina Silva, pedindo novas eleições, com a fala do ex-presidente Fernando Henrique (PSDB), afirmando estar impressionado com a maturidade do povo, que, de acordo com o ex-presidente, teria passado por aquele momento político sem que houvesse conflitos, devido ao sentimento democrático que estaria "se enraizando no povo" ("Nós tamu passando por um momento <difícil>, e não houve conflito. Isso é muito importante. Quer dizer, é: a é o sentimento democrático está se enraizando no povo" – plano 35).

Assim, a trasmissão do Jornal Nacional de 18/04/2016 interpela as audiências a partir da celebração do avanço de um processo legítimo, democrático e popular ("sob <total normalidade democrática>" – Júlio Mosquéra, plano 34). No entanto, para além do que foi apresentado pela notícia, a exemplo das análises anteriores, a observação do que não foi contemplado aponta para apagamentos que moldam a notícia, construindo um discurso de conquista nacional "em defesa da democracia", "contra a corrupção".

Nesse sentido, importa aqui lembrar a votação do então deputado federal Jair Messias Bolsonaro (PSL), que, como descreveu a revista europeia Der Spiegel, "defendeu, com palavras ardentes, um dos piores torturadores da ditadura militar". Na plenária, Bolsonaro asseverou:

> Nesse dia de glória para o povo brasileiro, tem um nome que entrará para história nessa data, pela forma como conduziu os trabalhos nessa casa. Parabéns, presidente Eduardo Cunha! Perderam em 1964. Perderam agora em 2016. Pela família e pela inocência das crianças em sala de aula que o PT nunca teve. Contra o comunismo! Pela nossa liberdade! Contra o Foro de São Paulo! Pela memória do Coronel Carlos Alberto Brilhante Ustra, o pavor de Dilma Rousseff! Pelo Exército de Caxias! Pelas nossas Forças Armadas! Por um Brasil acima de tudo e por Deus acima de todos, o meu voto é sim! (Jair Bolsonaro em 17/04/2016).

O coronel a cuja memória Jair Bolsonaro dedicou o seu voto na plenária é Carlos Alberto Brilhante Ustra. Exaltado pelo então deputado como "o pavor de Dilma Rousseff", o coronel foi o chefe do DOI-Codi do Exército de São Paulo, órgão de repressão política do governo militar. De acordo com a Comissão da Verdade, durante o regime militar, sob o comando do coronel referenciado por Bolsonaro, cerca de 50 pessoas foram assassinadas ou desapareceram e outras 500 foram torturadas entre 1970 e 1974. Nesta dinâmica, o discurso de Bolsonaro evocou tempos-espaços de dor e sofrimento experienciados não só pela ex-presidenta, mas por todos(as) aqueles(as) que tiveram suas vidas violentadas pelo regime ditatorial.

Ao citar Ustra, o discurso de Bolsonaro aponta para os elevados graus de legitimidade e de produtividade que a violência linguística tem alcançado na política institucional e formalmente democrática. O voto de Bolsonaro provoca efeitos semióticos que entrelaçam tempos-espaços individuais-coletivos de dor. Assim, tempo-espaços distantes, como a sessão parlamentar e a ditadura militar, são friccionados a partir de atos de fala e de histórias de violências espaço-temporalmente abertas (e em fluxo) que eles indexam e atualizam a todo momento. Isso ganha especial relevo se colocarmos em perspectiva as comunicabilidades traçadas no evento político semiotizado.

No contexto internacional, a homenagem de Jair Bolsonaro ao torturador do regime militar no momento do seu voto provocou patente reação midiática. O assunto foi abordado em diversos meios de comunicação com maior ou menor destaque. Na BBC News, o voto de Bolsonaro foi tema de uma matéria publicada sob o título "Pleito de voto brasileiro desperta memórias do domínio militar". O The Guardian destacou: "O ponto mais baixo foi quando Jair Bolsonaro, o deputado de extrema-direita do Rio de Janeiro, dedicou seu voto a Carlos Brilhante Ustra, o coronel que comandou a tortura do DOI-Codi durante a era ditatorial" e levou "uma cusparada do deputado de esquerda Jean Wyllys".

No Brasil, o discurso de Bolsonaro provocou indignação da Anistia Internacional, de juristas, organizações ativitas de direitos humanos e, inclusive, da OAB, mas nem de longe foi repercutido com a mesma intensidade da votação ostensivamente noticiada. Na Bandeirantes, em 18/04/2016, o jornalista Ricardo Boechat, falecido em 11/02/2019, afirmou no Jornal da Band que embora, na democracia, cada deputado tenha direito à palavra e que, por vezes, "barbaridades" ditas no contexto político se encaixem e façam sentido em alguma lógica ideológica, o voto do deputado não fez sentido em lógica ideológica alguma, em um pronunciamento a que vale remontar:

> Torturadores não têm ideologia. Torturadores não têm lado. Não são contra ou pró-impeachment. Torturadores são apenas torturadores. É o tipo humano mais baixo que a natureza pode conceber. São covardes, são assassinos e não mereceriam, em momento algum, serem citados como exemplo. Muito menos numa casa Legislativa que carrega o apelido de casa do povo (BOECHAT, 2016).

No Record, durante a cobertura ao vivo da votação, o apresentador do Jornal da Record *News*, Heródoto Barbeiro, afirmou que "a votação procedeu de uma maneira aberta, de uma maneira tranquila... salvo um ou outro acontecimento como [...] por exemplo, essa história de um deputado cuspir no outro é uma coisa não pensável numa democracia como nós queremos para o nosso país" (BARBEIRO, 2016). No dia da votação, o Jornal da Record *News*, que costuma ir ao ar às 19h, foi antecipado na programação da emissora e entrou ao vivo no momento em que o voto de número 342 foi contabilizado, confirmando a aprovação do processo de impeachment na Câmara dos Deputados. Percebe-se, assim, que quando Heródoto Barbeiro manifestou sua desaprovação à atitude do parlamentar que cospiu em outro, tanto o voto de Jair Messias Bolsonaro (318º) quanto o de Jean Wyllys (320º) já haviam sido proferidos. Ou seja, na apresentação do que Herótodo Barbeiro chamou de uma votação "aberta" e "tranquila", o apresentador do JR *News* selecionou apagar a homenagem de Bolsonaro a Carlos Alberto Brilhante Ustra e reificar o cuspe de Jean Wyllys sobre Bolsonaro como um ato isolado.

No JN, a atitude dos parlamentares e o voto de Bolsonaro foram completamente apagados da cobertura. Considerando que, de acordo com Bonner (2009, p. 17), o objetivo do JN é "mostrar aquilo que de mais importante aconteceu no Brasil e no mundo naquele dia", dando preferência aos temas "quentes", o apagamento do voto do então deputado da notícia destinada à cobertura da votação da admissibilidade do processo de impeachment na Câmara indicia o entendimento da homenagem de Jair Bolsonaro ao torturador Carlos Alberto Brilhante Ustra como irrelevante para o telejornal, de modo que as reações ao voto do deputado ficam posicionadas como manifestações de apoio ao governo e, portanto, não passíveis de cobertura. Dessa forma, constrói-se uma cartografia comunicável que, ao apagar o voto de Bolsonaro, o cuspe do deputado federal Jean Willys e os demais conliftos ocorridos na sessão, comunicou uma votação "sob total normalidade". Lembremos que o mesmo não ocorreu na notícia analisada na seção "Impeachment vs. Golpe", quando a atuação dos manifestantes e juristas para impedir um novo pedido de impeachment da OAB contra o governo foi noticiada a partir da "confusão" ocorrida.

Assim, pensando na comunicabilidade e no seu poder infeccioso, no monopólio midiático observado no cenário brasileiro, no impacto de cartografias comunicativas pautadas em apagamentos e criações de posições de sujeitos que limitam as possibilidades de respostas das audiências, e atendendo a um objetivo secundário deste estudo em relação ao levantamento de cartografias alternativas aos discursos projetados, finalizamos esta análise com um trecho da cobertura da votação feita pelo programa norte-americano Amanpour. Ao noticiar a votação, o programa apresentado por Christiane Amanpour conta com a participação do jornalista Glenn Greenwald, que questiona o processo instaurado contra o governo, levantando questões ignoradas pela mídia corporativa nacional.

Perguntado por Christiane Amanpour sobre o que estava acontecendo no Brasil, Glenn Greenwald afirmou não ter vivenciado nada mais surreal do que o referido processo contra Dilma Rousseff em toda a sua carreira como jornalista, operando uma cartografia comunicável alternativa à notícia do pedido de "impeachment" comunicado pelo JN.

> Basicamente toda a classe política que está tentando tirá-la está envolvida em sérias acusações de corrupção. É a coisa mais surreal que já vi na minha profissão como jornalista. Nada visto em qualquer outro lugar no mundo, cobrindo política. Para você ter uma ideia, a pessoa que está presidindo o processo de impeachment na Câmara, o Presidente da Câmara, Eduardo Cunha, é uma pessoa conhecida por ocultar milhões de dólares em propinas. Não há nenhuma possibilidade de que não envolva corrupção. Ele não tinha nenhuma fortuna ou negócio legítimo. São milhões de dólares escondidos em várias contas bancárias na Suíça. E é esta pessoa que está presidindo a Câmara agora. E eles estão vindo à frente, um a um, todos acusados de corrupção e dizendo: "Nós devemos tirar a presidente por corrupção". E, surpreendentemente, a própria Dilma Rousseff é uma das poucas pessoas que não são acusadas de receber propina, nem de corrupção pessoal ou de qualquer comissão ilícita para enriquecer (GREENWALD, 2016).

Concluímos, portanto, que na contramão da reação da mídia internacional e da indignação dos ativistas de direitos humanos que manifestaram repúdio ao voto do então deputado e hoje presidente do Brasil, o Jornal Nacional, projetado por si mesmo como um jornalismo comprometido com a informação e com "aquilo de mais importante que acontece no país", demonstra entender a trasmissão de uma votação histórica e dentro dos padrões de "normalidade" como mais importante do que a informação sobre o crime de apologia à tortura realizado na votação.

Dessa forma, o editorial reifica a normalidade da votação e silencia o voto de Jair Bolsonaro, Jean Willys e outros votos internacionalmente criticados por suas justificativas religiosas e familiares, criando uma cartografia comunicável pautada no apagamento do crime de apologia à tortura realizado na votação e de todas as demais posturas consideradas imprópias para o ambiente parlamentar.

Em 19/04/2016, o então presidente da OAB – RJ, Felipe Santa Cruz, declarou: "A apologia à tortura, ao fascismo e a tudo que é antidemocrático e intolerável. Além da falta de ética, que deve ser apreciada pelo Conselho de Ética da Câmara, é preciso que o STF julgue também o crime de ódio" (BARBA; WENTZEL, 2016). Na ocasião, o PV ingressou com uma representação contra Bolsonaro pela apologia ao crime de tortura. No entanto, em 09/11/2016 o processo disciplinar aberto para investigação da acusação de quebra de decoro parlamentar por parte do deputado federal Jair Bolsonaro (PSC – RJ) foi rejeitado pelo Conselho de Ética da Câmara dos Deputados.

O relator do conselho, Marcos Rogério (DEM – GO), fundamentou sua recomendação pelo arquivamento do processo na liberdade de "opiniões, palavras e votos" reservada a deputados e senadores de acordo com a Constituição e concluiu afirmando que seguir com a ação contra Bolsonaro poderia configurar um tipo de "censura", além de reduzir a representação popular na Casa e criar regras subjetivas no julgamento de parlamentares. Ao término da votação, Bolsonaro se referiu ao relator como "anjo da guarda" e declarou que foi feita "justiça" na decisão (G1, 2016).

CONSIDERAÇÕES FINAIS

Ao longo deste estudo, através do qual as análises propostas e a disposição das mesmas obedeceram ao objetivo inicial de delinear um panorama do modo como a narrativa do impeachment foi construída e sustentada pelo Jornal Nacional, foi possível perceber uma cartografia comunicável nas matérias analisadas que coincide com o mapeamento, ainda que não unificado, do Grupo Globo sobre o golpe de Estado que aconteceu no Brasil em 2015 – 2016. Essa cartografia projeta sobretudo visões de comunicação, o que denominei Pragmática da Transparência. Nos termos dessa pragmática, o jornalismo da Globo, de forma supostamente isenta, plural e transparente, fornece uma metapragmática que legitima a política de voz e verdade reivindicada pelo JN, conferindo normalidade ao discurso de impeachment e sustentação à pragmática projetada.

Outro importante ponto é considerar como corpo e linguagem são inseparáveis na produção de sentido. Assim, no decorrer deste empreendimento analítico, foi preciso desenvolver uma análise multimodal que considerasse os gestos, sobretudo os faciais, que integram essa (meta)pragmática. A inserção das capturas das telas das notícias examinadas às transcrições atuou no sentido de auxiliar a observação dessas "falas" corporais que, não raramente, entram em uma espécie de limbo que, aparentemente, escapa ao que é dito na Pragmática da Transparência ao mesmo tempo que confirma o interesse do editorial em legitimar a narrativa do impeachment. Essa é uma tentativa de não reduzir os efeitos de significados dinamizados nas interações, visto que todo ato de fala é um ato que exige o corpo (PINTO, 2002). Os efeitos linguísticos só são possíveis a partir de um corpo que fala.

O uso político de artefatos semióticos relacionados à ex-presidenta e ao PT para a construção de diferenciações na disputa política nacional testemunha a produtividade do "caráter fluido e móvel dos regimes de durabilidade semiótica de um tempo histórico específico" (SILVA, 2020, p. 1182) na construção de plataformas políticas. Fortemente centrada nessa ideologia comunicativa, a cartografia comunicável do Grupo Globo, no contexto da deposição de Dilma Rousseff, produziu subjetividades, demarcou pontos de origem, convidou espectadores a ocuparem posições sociais, agenciou indivíduos e instituições e constituiu relações sociais que influenciam como indivíduos e coletividades foram interpelados e como ocuparam as posições projetadas. Obviamente, não foi o Jornal Nacional ou o Grupo Globo *per se* que destituíram Dilma Rousseff. Entretanto, essas transmídias foram centrais na construção da inteligibilidade em torno dos nexos e das tramas que confirmavam a alegada culpabilidade de Dilma Rousseff e sua necessidade de punição por meio de impeachment.

Esse livro se dedicou sobretudo a delinear a metapragmática – ou o "modo de usar" da pragmática do jornalismo do Grupo Globo – que reivindicou, de forma insidiosa, por vezes invisibilizada ou posta à margem, uma noção de transparência, isenção e compromisso com os "fatos". Foi investigando esse tipo de ideologia linguística de neutralidade, pureza e transparência que Bauman e Briggs (2003) perceberam, a partir de um estudo de 300 anos de literatura de diversas áreas do conhecimento, como esses ideais sedimentaram desigualdades ao orientarem entendimentos sobre as mais diversas áreas da vida social. Calcadas nessa metapragmática, as matérias analisadas estão predicadas numa comunicabilidade pautada em exclusões de ordens diversas que, atribuindo valor a certos significados em detrimento de outros, atuaram em prol da legitimação e naturalização do discurso de impeachment de Dilma Rousseff.

Nesse sentido, este estudo permitiu a observação de entextualizações a partir das quais posições de sujeito foram projetadas e organizadas hierarquicamente de modo a recrutar o Partido dos Trabalhadores, representado por Luiz Inácio Lula da Silva, como o símbolo da corrupção nacional, em oposição ao ex-juiz Sérgio Moro, posicionado como a personificação da Justiça contra a corrupção. Desse modo, entendendo as cartografias comunicáveis como um modo de dominação simbólica, há que se reconhecer que a criação de posições de sujeitos articulada nas matérias conferiu graus de agência e poder que limitaram as possibilidades de resposta para as narrativas do impeachment projetadas.

Desconsiderando certas trajetórias textuais e privilegiando certos eventos, às vezes tidos como autoevidentes e autossuficientes, o Jornal Nacional atuou de modo a reificar certas dimensões comunicativas de maneiras particulares e apagar outras – como visto na seção "O pedido de impeachment", quando a notícia sobre a aceitação do pedido de impeachment transformou um político investigado por corrupção no confiável presidente da Câmara dos Deputados, enquanto o governo foi silenciado e, consequentemente, deslegitimado. O histórico de investigações contra Eduardo Cunha naquele momento não importou; apenas sua autoevidência e autossuficiência como presidente da Câmara, o homem com o poder institucional de autorizar o início do processo de impeachment de Dilma Rousseff. Em outras palavras, a simultânea descontextualização e recontextualização do discurso de aceitação do pedido de impeachment, sob o apagamento das trajetórias textuais inerentes à aceitação do pedido, acabaram por criar um discurso novo através do qual a notória retaliação de Eduardo Cunha ao PT foi transmitida apenas como a aceitação de um pedido de impeachment relevante e legítimo.

Nesse cenário, as contestações à comunicabilidade do Grupo Globo foram prontamente refutadas pela emissora a partir de contranarrativas que se ocuparam de reivindicar o status de transparência e isenção do jornalismo da Globo. Como discutimos na seção "A Pragmática da Transparência", a imediata refutação do editorial às palavras de ordem proferidas contra a Rede Globo evidenciou uma urgência em neutralizar discursos que pudessem, de certa forma, desestabilizar a hegemonia do padrão Globo de jornalismo. O que, por sua vez, indicia a importância do papel da pragmática da transparência para o exercício de uma comunicabilidade eficiente em seu modo infeccioso de produzir política de voz e verdade.

Fato é que, sendo inconstitucional, a queda da ex-presidenta Dilma Rousseff marca a ruptura do período de redemocratização do Estado Brasileiro. A perícia que conclui que a ex-presidenta não cometeu pedaladas fiscais, não só esvazia o discurso de crime de responsabilidade dolosamente cometido por Rousseff, como confirma o Golpe de 2016. No entanto, é a eleição de Jair Messias Bolsonaro para presidente do Brasil que expõe a complexidade dos efeitos da comunicabilidade do JN no que tange à queda de Dilma Rousseff e à criminalização do Partido dos Trabalhadores no cenário (anti) democrático nacional.

Certamente, esse processo que posiciona uma ex-presidenta como incompetente, um ex-presidente como criminoso e o Partido dos Trabalhadores como a "velha e antiga política corrupta", contribui para a deslegitimação do Partido dos Trabalhadores, mas há aí um efeito ainda mais amplo. No rastro da criminalização do PT, vem a intensificação de um desgaste que desde os chamados "votos de protesto" em personalidades como Clodovil e Tiririca vem se manifestando na cena política nacional. Nesse alinhamento, a criminalização de um partido político que, além de integrar a estrutura democrática vigente, ocupava o mais alto cargo da política nacional acarretou consequências nocivas ao funcionamento democrático brasileiro. No caso da ostensiva contra o PT apontada neste estudo, é seguro afirmar que esse discurso de criminalização, ao atingir uma instituição político-partidária, afeta toda política institucional que, nesse processo, acaba tão enfraquecida quanto o Partido dos Trabalhadores. A consolidação da extrema-direita no Brasil e a desidratação do PSDB, nas eleições de 2022, são exemplos concretos desse movimento.

Assim, empreendimento analítico desenvolvido ao longo deste estudo se mostrou profícuo para o entendimento do uso dos recursos semiótico-discursivos adotados pelo Jornal Nacional no processo de deslegitimação e derrubada do governo de Dilma Rousseff. Ancorando-se em meta-mensagens, como discuti no capítulo 4, o Jornal Nacional deu força à narrativa oficial que legitimou a instauração e a manutenção do discurso de impeachment, numa dinâmica que, entre muitos outros efeitos, contribuiu para a deslegitimação da política tradicional, facilitando a ascensão bolsonarista em 2018. Dessa forma, para além do entendimento da queda de Dilma Rousseff em 2016, o mapeamento da comunicabilidade do discurso político brasileiro se faz imprescindível, uma vez que põe em crise as contradições democráticas e em circulação na arena semiótica política nacional.

Por fim, pensando nos efeitos das cartografias comunicáveis operadas pelo JN, convém lembrar que a comunicabilidade, apesar da sua capacidade microbial de disseminação, envolve crucialmente "modelação e contestação aos mapas comunicáveis que nos interpelam" (BRIGGS, 2007, p. 556). Exemplo disso é a comunicabilidade desenvolvida pelo programa Amanpour, que, como pontuado na seção "Pela memória do coronel Carlos Alberto Brilhante Ustra", projeta uma cartografia alternativa à cobertura da votação pela admissibilidade do impeachment transmitida pelo JN. Felizmente, cartografias comunicáveis hegemônicas são sempre contestáveis, o que permite a realização de estudos como este, interessado na inevitável "luta pela entextualização" (FABRÍCIO, 2014) que constitui a maioria dos processos sociais.

Essa possibilidade de contestação aponta para o caráter não linear da comunicabilidade, uma vez que o poder envolvido nas práticas comunicativas consiste não apenas na tentativa de controlar a forma como o discurso se desdobra em seu contexto de produção, mas também em expectativas de controle da circulação. Em outras palavras, a forma como os textos e as ideologias encontram audiências e localizam-se política e socialmente se dá num processo poderoso que envolve modelação e contestação dos mapas comunicáveis que nos interpelam. Assim, embora os discursos públicos especifiquem, implícita ou explicitamente, quais públicos devem recebê-los, não é possível determinar as maneiras pelas quais as pessoas se imaginarão em relação aos textos e como/por onde – ou se – os discursos circularão.

Quais serão os próximos efeitos da comunicabilidade no campo político nacional? Considerando especialmente os eventos de 2016, é importante ter em tela que, a exemplo de todo processo comunicável, os processos (trans)midiáticos e políticos ocorrem em arenas que envolvem modelação e contestação contínuas dos discursos comunicados. Portanto, é impossível prever efeitos de sentido futuros. Assim, o evento político e midiático que teve como corolário a queda de Dilma Rousseff da presidência da República em 2016, além dos impactos concretos sobre a cena política contemporânea, não deixa de ser um poderoso exemplo de como o discurso, bem como seus processos de produção e circulação, importam nas disputas políticas. Sem dúvida a observação mais atenta desses processos se impõe como um atalho importante no tortuoso e interminável caminho de construção de uma democracia no Brasil.

POSFÁCIO

HISTÓRIAS NOSSAS HISTÓRIAS...

BRANCA FALABELLA FABRÍCIO

Escrevo este posfácio ainda no calor da vitória de Lula em 2022, quando milhões de brasileiras/os votaram contra a radicalização do campo conservador no Brasil. No dia das eleições, um trecho de uma letra de Gabriel O Pensador, "Fé na Luta", acompanhou-me até a urna eletrônica. Repetia, com o compositor:

> Hoje eu me vi sorridente escovando os dentes na frente do espelho
> E a minha imagem me disse: Hoje é dia de luta, escuta o conselho
> Entra com foco no ringue, não perde o swing, protege a cabeça
> Guarda o que é bom no seu peito e o que for ruim ou suspeito, esqueça!
> Pensa no tempo, não esquece do tempo, não há tesouro maior
> Lembra dos outros, não esquece dos outros, tem muita vida ao redor.

Entextualizo-o aqui como enquadre de minhas impressões afetivas, após a leitura do livro de Danielle Ferreira de Oliveira, no qual a autora reflete sobre o momento político que o país vivenciou em 2016. À época, o pedido de impeachment de Dilma Rousseff avançava rapidamente, com a participação ativa dos oligopólios de mídia, entre eles a Rede Globo. Reconstruindo esse contexto e identificando o Jornal Nacional como um ator político importante, Oliveira dedicou-se a mapear os jogos discursivos que legitimaram a deposição da presidenta. Leio esse gesto como tática de enfrentamento e resistência. Apesar da interrupção súbita de 13 anos do Partido dos Trabalhadores na presidência do Brasil, e de avanços democráticos conquistados nesse período, a pesquisadora não se paralisou. A continuação de "Fé na Luta" ilustra seu modo de ação:

> Tira a armadura para dar um abraço naqueles que querem o seu bem
> Fala o que pensa, evita a ofensa e aceita as palavras que vêm
> Olha a paisagem, aproveita a viagem, que um dia a viagem termina
> Minha imagem no espelho já sabe que não sabe nada e por isso me ensina
> Histórias nossas histórias, dias de luta, dias de glória.

Oliveira "aproveitou a viagem" e, com tranquilidade, percorreu uma rota multidirecional: transitou entre textos que circularam pela mídia, em geral, e pelo Jornal Nacional, em particular, entre 2013 e 2016. Acompanhou suas trajetórias, observando atentamente as estratégias semiótico-discursivas e os modos de ver e julgar que elas propiciaram. Cartografou, assim, a movimentação de signos linguísticos e não linguísticos por diferentes espaços-tempos interacionais, com olhar perscrutador para sentidos encadeados nesse trânsito. O trabalho de esquadrinhamento desenhou um panorama intricado de narrativas, ideologias e práticas que, ao precipitarem na mídia jornalístico-televisiva, desempenharam um papel central na constituição do atual imaginário político brasileiro. A investigação de tal influência não é novidade nas ciências sociais e políticas, mas o foco do presente estudo nas projeções comunicáveis dos textos circulados pelo JN propiciou um modo de escrutínio singular. Não só trouxe visibilidade para a micropolítica em operação no cenário político brasileiro, como localizou a manufatura ideológica e a circulação insidiosa de um certo discurso público.

Sublinhando a assimetria subjacente às interações entre mídia corporativa e audiência, a cartografia de Oliveira, denominada "Pragmática da Transparência", detectou os regimes de voz e verdade reivindicados pelo jornalismo da Globo. Estes, em nome de "ideais democráticos", conferiram normalidade, certeza e nexo semiótico a ideias díspares na economia, na política, nos costumes... Indicavam, dessa forma, que o flerte com pautas neoliberais, fascistas e moralistas já se insinuava. Por essa ótica, "A queda de Dilma Rouseff – Jornal Nacional e o golpe de 2016" fornece uma janela histórica para aspectos gestacionais do processo distópico que culminou na escolha de um candidato conservador, autoritário e extremista para governar o país por quatro anos.

É importante destacar que a obra não sucumbe a um viés determinista, evitando a produção de um quebra-cabeça inerte, no qual cada peça tem seu lugar. Pelo contrário, a perspectiva adotada mostra que suas peças-signo são moduláveis: mudam de forma, reagregam-se e reencaixam-se, sem parar. Tal movimentação incessante é o lócus das possibilidades de mudança e recomeço. O fluxo, entretanto, não impede a identificação de processos de estabilização em curso. Ele indicia vestígios que apontam para possibilidades explicativas. Foram eles que levaram Oliveira a fazer um contraponto narrativo às histórias midiáticas favoráveis ao impedimento de Dilma. O diagnóstico "É golpe, sim! Com Supremo, com tudo!", formulado em estilo "papo reto", sem floreios, mostrou que certezas podem ser sugeridas provisoriamente, se apoiadas em reflexões aprofundadas e justificativas éticas. Aqui, também, Danielle Ferreira de Oliveira e Gabriel O Pensador demonstram proximidade:

> O certo é certo, o errado é errado, nem esculachar, nem ser esculachado
> Meu papo é bem reto, eu não mando recado, respeito pra ser respeitado
> Fora do ringue, lutar pela paz, pelos meus sonhos, meus ideais
> Planto amizade, colho esperança, o verdadeiro guerreiro não cansa.

Em tempos de redes sociais e "novas mídias" online-offline, esse tipo de cautela epistêmica é fundamental. Ela tanto afasta paixões identificatórias quanto convida ao exercício reflexivo e dialógico teoricamente articulado. Pensamento não é arena de guerra; é prática de imaginação intersubjetiva. Nela se forjam novos ângulos de observação e possibilidades de reconfiguração. É a partir delas que podemos praticar a esperança nas transformações urgentes de que o país necessita. Oliveira esperançou outra lógica e uma nova resolução narrativa para o enredo catastrófico que se anunciava em 2016. Na esteira de seus passos, e das afinidades eletivas acima costuradas, arrisco uma coda:

> Histórias nossas histórias, dias de Lula, dias de glória.

REFERÊNCIAS

AMIN, S. O Imperialismo, Passado e Presente. Rio de Janeiro: *Tempo*, 2005, n. 18, p. 77-123. Disponível em: http://www.scielo.br/pdf/tem/v9n18/v9n18a05.pdf. Acesso em: 28/06/2018.

AUMONT, J. et al. A estética do filme. Campinas: Papirus, 1995.

AZEVEDO, R. Dallagnol virou procurador contra o que diz a lei. E ficou na base da "teoria do fato consumado". *UOL*, Blog do Reinaldo Azevedo, 24/07/2017. Disponível em: http://www3.redetv.uol.com.br/blog/reinaldo/dallagnol-se-fez-procurador-contra-o-que-diz-a-lei-e-ficou-na-base-da-teoria-do-fato-consumado/. Acesso em: 19/03/2019.

BATISTA, J. Sergio K. se arrepende e diz nunca mais fazer camisetas políticas. *Veja SP*, 18/05/2017. Disponível em: https://vejasp.abril.com.br/blog/terraco-paulistano/sergiok-estilista-arrepende-apoio-aecio/. Acesso em: 07/03/2019.

BARAN, K. Não pretendo jamais disputar uma eleição, diz Moro. *Folha de S. Paulo*, 5/11/2018. Disponível em: https://www1.folha.uol.com.br/poder/2018/11/nao-pretendo-jamais-disputar-uma-eleicao-diz-moro.shtml. Acesso em: 21/10/2022.

BARBEIRO, H. JR *News* especial repercute a aprovação do impeachment na Câmara. *Jornal da Record News*, 17/04/2016. Disponível em: https://noticias.r7.com/record-news/jornal-da-record-news/videos/jr-news-especial-repercute-a-aprovacao-do-impeachment-na-camara-18042016. Acesso em: 19/03/2019.

BARBA, M; WENTZEL, M. Discurso de Bolsonaro deixa ativistas 'estarrecidos' e leva OAB a pedir sua cassação. *BBC*, 20/04/2016. Disponível em: https://www.bbc.com/portuguese/noticias/2016/04/160415_bolsonaro_ongs_oab_mdb. Acesso em: 19/03/2019.

BAUMAN, R; BRIGGS, C. *Voices of modernity: language ideologies and the politics of inequality*. Cambridge: Cambridge University Press, 2003.

BLOOMAERT, J. *Discourse: key topics in sociolinguistics*. Nova York: Cambridge University Press, 2005.

BLOMMAERT, J. *Language ideology*. In: BROWN, K. (Org.). *Encyclopaedia of Language and Linguistics.* Oxford: Elsevier, 2006, 2. ed., v. 6, p. 510-522.

BOECHAT, R. *Jornal da Band*, 18/04/2016.

BRAGON, R.; URIBE, G. PT decide votar contra Cunha, que pode deflagrar impeachment de Dilma. *Folha de S. Paulo*, 02/12/2015. Disponível em: https://www1.folha.uol.com.br/poder/2015/12/1713918-bancada-petista-decide-votar-contra-cunha-no-conselho-de-etica-da-camara.shtml. Acesso em: 02/01/2018.

BRASIL, Artigo 1º. Lei nº 12.528, de 18/11/2011. Cria a Comissão Nacional da Verdade no âmbito da Casa Civil da Presidência da República. Disponível em: http://www.planalto.gov.br/ccivil_03/_ato2011-2014/2011/lei/l12528.htm. Acesso em: 15/09/2018.

BRASIL. Supremo Tribunal Federal. Reclamação 23.457. Relator: Ministro Teori Zavascki. Paraná, 22/03/2016. Disponível em: http://www.stf.jus.br/arquivo/cms/noticiaNoticiaStf/anexo/Rcl23457.pdf. Acesso em: 17/09/2018.

BRIGGS, C. *Communicability, racial discourse, and disease*. Annual Review of Anthropology, 21/10/2005, v. 34, p. 269-291.

BRIGGS, C. *Anthropology, Interviewing, and Communicability in Contemporary Society*. Current Anthropology, ago. 2007, v. 48, n. 4.

BRIGGS, C.; SILVA, D. *Language and the communicability of received wisdoms* (Linguagem e a comunicabilidade das lições recebidas). *Charles Briggs interviewed by Daniel do Nascimento e Silva*. Revista da Anpoll, Florianópolis, 2016, n. 40, p. 192-203.

BRIGGS, C.; HALLIN, D. *Making Health Public*. Londres e Nova York: Routledge, 2016.

BUCCI, E. Em Torno de um Conceito Preliminar de Telespaço Público. In: BENEVIDES, M.; BERCOVICI, G.; MELO, C. (Orgs). Direitos Humanos, Democracia e República – Homenagem a Fábio Konder Comparato. São Paulo: Quartier Latino Brasil, 2008, p. 399-428.

BUTLER, J. *Subjection, Resistance, Resignification. Between Freud and Foucault in The Psychic Life of Power*. Califórnia: Stanford University Press, 1997, p. 83-105.

CANÁRIO, P.; VASCONCELLOS, M. Sergio Moro divulgou grampos ilegais de autoridades com prerrogativa de foro. *Consultor Jurídico*, 16/03/2016. Disponível em: https://www.conjur.com.br/2016-mar-16/moro-divulgou-grampos-ilegais-autoridades-prerrogativa-foro. Acesso em: 03/03/2016.

CUNHA, E.; CUNHA, D. Tchau, querida – O diário do Impeachment. São Paulo: Matrix, 2021.

DERRIDA, J. *Signature event context*. In: *Limited Inc*. Evanston: Northwestern University Press, 1988, p. 1-23.

DIAS, M. As duas faces de Moro. In: Lava-Jato: Carta Capital diz que decisões de Moro têm "marcada influência político-partidária". Disponível em: https://gilbertoleda.com.br/2015/02/22/lava-jato-carta-capital-diz-que-decisoes-de-moro-tem-marcada-influencia-politico-partidaria. Acesso em: 21/10/2022.

ESTADÃO. Delator implica 15 partidos e diz que entregou dinheiro vivo para campanha de Lula. 03/07/2015. Disponível em: https://politica.estadao.com.br/blogs/fausto-macedo/delator-implica-15-partidos-e-diz-que-entregou-dinheiro-vivo-para-campanha-de-lula/. Acesso em: 26/01/2019.

ESTARQUE, M.; GOMES, K. Brasil: ressaca eleitoral ou polarização política? *Carta Capital*, 06/12/2014. Disponível em: https://www.cartacapital.com.br/politica/brasil-vive-ressaca-eleitoral-e-nao-polarizacao-politica-avaliam-especialistas-8611/. Acesso em: 20/12/2018.

EKMAN, P. Globo admite erro sobre ditadura. E o resto? *Carta Capital*, 02/09/2013. Disponível em: https://www.cartacapital.com.br/blogs/intervozes/globo-admite-erro-sobre-ditadura-e-o-resto-3841/. Acesso em:15/09/2018.

EKMAN, P.; FRIESEN, W.; HAGER, J. *Facial Action Coding System: A Technique for the Measurement of Facial Movement*. Consulting Psychologists Press, Palo Alto, 2002.

FABRÍCIO, B. F. Lingüística aplicada como espaço de "desaprendizagem": redescrições em curso. In: MOITA LOPES, L. P. Por uma linguística aplicada indisciplinar. São Paulo: Parábola, 2006.

FABRÍCIO, B. F. Transcontextos educacionais: gêneros e sexualidades em trajetórias de socialização na escola. In: SILVA, D. (Org.) Nova Pragmática: modos de fazer. São Paulo: Cortez, 2014.

FISCHERMANN, T. In: GOMES, K. Imprensa europeia vê "insurreição de hipócritas" no impeachment. *Carta Capital*, 18/04/2016. Disponível em: https://www.cartacapital.com.br/mundo/imprensa-europeia-ve-insurreicao-de-hipocritas-no-impeachment/. Acesso em: 16/03/2019.

FOLHA DE S. PAULO. Manifestações levam 1 milhão de pessoas às ruas em todo país. 20/06/2013. Disponível em: https://www1.folha.uol.com.br/cotidiano/2013/06/1298755-manifestacoes-levam-1-milhao-de-pessoas-as-ruas-em-todo-pais.shtml. Acesso em: 20/12/2018.

GAL, S; IRVINE, J. T. *Signs of difference. Language and ideology in social life.* Cambridge: Cambridge University Press, 2019.

G1. Conselho de Ética arquiva processo de Bolsonaro por homenagem a Ustra. 09/11/2016. Disponível em: http://g1.globo.com/politica/noticia/2016/11/conselho-de-etica-arquiva-processo-de-bolsonaro-por-homenagem-ustra.html. Acesso em: 19/03/2019.

GOMES, C. Por que o golpe acontece? In: JINKINGS, I.; DORIA, K.; CLETO, M. Por que gritamos GOLPE? Para entender o impeachment e a crise política no Brasil. São Paulo: Boitempo Editorial, 2016, p. 34-36.

GONZALEZ, C.; MOITA LOPES. Performance narrativa multimodal de Agrado em Tudo sobre minha mãe: desarticulando a autenticidade de gênero. *RBLA*, Belo Horizonte, 2016, v. 16, n. 4, p. 679-708.

GREENWALD, G. *Dilma's impeachment 'anti-democratic'*. CNN, 18/04/2016. Disponível em: https://edition.cnn.com/videos/tv/2016/04/18/intv-amanpour-glenn-greenwald-dilma-rousseff-impeachment.cnn. Acesso em: 19/03/2019.

IRVINE, J. T.; GAL, S. *Language ideology and linguistic differentiation*. In: KROSKRITY, P. (Ed.). *Regimes of language: Ideologies, polities, and identities*. Santa Fé: School of American Research Press, 2000, p. 35-84.

JINKINGS, I.; DORIA, K.; CLETO, M. Por que gritamos GOLPE? Para entender o impeachment e a crise política no Brasil. São Paulo: Boitempo Editorial, 2016.

JENKINS, Henry. Cultura da Convergência. São Paulo: Aleph, 2008.

KEIN, C. O 'Golpeachment'. *Valor Econômico*, 31/03/2016. Disponível em: https://www.valor.com.br/politica/4505086/ogolpeachment?utm_source=newsletter_tarde&utm_medium=31032016&utm_term=o+-golpeachment&utm_campaign=informativo&NewsNid=4497432. Acesso em: 28/07/2018.

LOPES, D. (Org.) Os telejornais e a espetacularização de fatos políticos. In: DOURADO, J. et al. (Orgs.). Economia política do jornalismo: tendências, perspectivas e desenvolvimento regional. Teresina: EDUFPI, 2016.

LOPES, M. As quatro famílias que decidiram derrubar um governo democrático. In: JINKINGS, I.; DORIA, K.; CLETO, M. Por que gritamos GOLPE? Para entender o impeachment e a crise política no Brasil. São Paulo: Boitempo Editorial, 2016, p. 97-102.

MARCUSCHI, L. A. Análise da conversação. São Paulo: Ática, 1986. (Série Princípios).

MARTINS, H. Três caminhos na filosofia da linguagem. In: MUSSALIN, F.; BENTES, A.C. (Orgs). Introdução à Linguística: Fundamentos epistemológicos. São Paulo: Cortez, 2005.

MAZARGÃO, T. O custo do protecionismo no Mercosul. *Instituto Millenium*, 01/12/2008. Disponível em: https://www.institutomillenium.org.br/artigos/o-custo-do-protecionismo-no-mercosul/. Acesso em: 28/06/2018.

MBL. Nós somos o MBL. Sempre que você precisar, estaremos lá! Disponível em: https://youtu.be/jagXpRzD1Xg. Acesso em: 15/09/2018.

MILENA, L. 'Golpe de Estado está em curso', alerta André Singer. *Luis Nassif Online*, 27/04/2017. Disponível em: https://www.sindsep-pe.com.br/noticias-detalhe/golpe-de-estado-esta-em-curso-alerta-andre-singer/7444#.Y1MbznbMK3B . Acesso em: 21/10/2022.

MOITA LOPES, L. P. Identidades fragmentadas. A construção discursiva de raça, gênero e sexualidade na escola. Campinas: Mercado de Letras, 2002.

MOITA LOPES, L. P. (Org.). Discursos de identidades. Discurso como espaço de construção de gênero, sexualidade, raça, idade e profissão na escola e na família. Campinas: Mercado de Letras, 2003.

MOITA LOPES, L. P. Contemporaneidade e construção de conhecimento na área de estudos linguísticos. *SCRIPTA*, 1º sem. 2004, v. 7, n. 14.

MOITA LOPES, L. P. (Org.) Por uma Linguística Aplicada Indisciplinar. São Paulo: Parábola, 2006.

MOITA LOPES, L. P. Linguística Aplicada como lugar de construir verdades contingentes: sexualidades, ética e política. *Gragoatá*, v. 14, n. 27, 30/12/2009.

MORAES, I.; PANNUNZIO, P. Quem é Sérgio Moro, ministro da Justiça do governo Bolsonaro. *Folha de S. Paulo*, 01/11/2018. Disponível em: https://politica.estadao.com.br/noticias/geral,quem-e-sergio-moro-ministro-da-justica-do-governo-bolsonaro,70002578903. Acesso em: 19/03/2019.

MOREIRA, R. Sobre interceptações telefônicas, prerrogativa de foro, juízes e crime. *Jusbrasil*, 2016. Disponível em: https://romulomoreira.jusbrasil.com.br/artigos/315455046/sobre-interceptacoes-telefonicas-prerrogativa-de-foro-juizes-e-crime. Acesso em: 21/10/2022.

MORO, S. In: STOCHERO, T. Moro diz não se arrepender de ter divulgado áudio entre Lula e Dilma. *G1*, 27/11/2017. Disponível em: https://g1.globo.com/sp/sao-paulo/noticia/moro-diz-nao-se-arrepender-de-ter-divulgado-audio-entre-lula-e-dilma.ghtml. Acesso em: 04/03/2019.

MORO, S. In: RESENDE, S. Em 2016, Moro disse a jornal que 'jamais entraria para a política'. *Folha de S. Paulo*, 01/11/2018. Disponível em: https://www1.folha.uol.com.br/poder/2018/11/em-2016-moro-disse-a-jornal-que-jamais-entraria-para-a-politica.shtml. Acesso em: 19/03/2019.

MOTTA-ROTH, D. Questões de metodologia em análise de gêneros. In: KARWOSKI, A. M.; GAYDECZKA, B.; BRITO, K. S. (Orgs.). Gêneros textuais: reflexões e ensino. Palmas e União da Vitória: Kaygangue, 2005.

MPF. Colaboração premiada. Disponível em: http://www.mpf.mp.br/para-o-cidadao/caso-lava-jato/atuacao-na-1a-instancia/parana/investigacao/colaboracao-premiada. Acesso em: 28/12/2018.

NADER, V. Lulismo vive seu momento mais difícil, mas não podemos ainda decretar seu fim. *Correio da Cidadania*, 13/05/2015. Disponível em: http://www.correiocidadania.com.br/politica/10759-14-05-2015-lulismo-vive-seumomento-mais-dificil-mas-nao-podemos-ainda-decretar-seu-fim. Acesso em: 28/07/2018.

NASSIFF, L. O xadrez do golpe. *Luis Nassif Online*, 20/08/2017. Disponível em: https://jornalggn.com.br/noticia/xadrez-da-influencia-dos-eua-no-golpe-por-luis-nassif. Acesso em: 06/07/2018.

NEVES, M. In: LONGO, I. Superficiais e medíocres: professor e pesquisador conta por que reprovaria a dupla Moro e Dallagnol. *Revista Fórum*, 27/07/2017. Disponível em: https://www.revistaforum.com.br/superficiais-e-mediocres-professor-e-pesquisador-conta-por-que-reprovaria-dupla-moro-e-dallagnol/. Acesso em: 19/03/2019.

NOGUEIRA, L. Planificação e Montagem. Covilhã: Livros LabCom, 2010.

O GLOBO. Apoio editorial ao golpe de 64 foi um erro. 31/08/2013. Disponível em: https://oglobo.globo.com/brasil/apoio-editorial-ao-golpe-de-64-foi-um-erro-9771604#ixzz5REMIU6xJstest. Acesso em: 15/09/2018.

OLIVEIRA, P. Sérgio moro pode ter feito concurso para juiz sem possuir formatura na época, mas CNJ subordinado a ele e à Globo ignora. *Fora PSDB*, 01/06/2018. Disponível em: http://forapsdb.tumblr.com/post/174471773278/s%C3%A9rgio-moro-pode-ter-feito-concurso-para-juiz-sem. Acesso em: 19/03/2019.

PENNYCOOK, A. Uma Linguística Aplicada Transgressiva. In: MOITA LOPES, L. P. (Org.) Por uma Linguística Aplicada Indisciplinar. São Paulo: Parábola, 2006.

PHILLIPS, D.; MIROFF, N. *Brazil's lower house of Congress votes to impeach President Dilma Rousseff*. The Washington Post, 17/04/2019. Disponível em: https://www.washingtonpost.com/world/the_americas/brazil-tense-ahead-of-impeachment-vote/2016/04/17/1850c980-0187-11e6-8bb1-f124a43f84dc_story.html?noredirect=on&utm_term=.c2ccb70e3839. Acesso em: 19/03/2019.

PIMENTA, P. Democracia, Direitos Humanos e Mídia. Brasília: Vozes, 2016.

PINTO, P. J. É só mimimi? Disputas metapragmáticas em espaços públicos online. *Interdisciplinar*, 2019, v. 31, p. 221-236. Disponível em: https://seer.ufs.br/index.php/interdisciplinar/article/view/11847.

RAJAGOPALAN, K. Por uma linguística crítica: linguagem identidade e a questão ética. São Paulo: Parábola Editorial, 2013.

REIS, G. O Golpe de Estado de 2016 e a ditadura civil vigente no Brasil. In: MONTEIRO, L.; SANTANA, L. (Orgs.). Temerosas transações: ensaios sobre o golpe recente no Brasil. Santa Cruz do Sul: Essere nel Mondo, 2017, p. 20-36.

REIS, G. Operadores do golpe: o papel da mídia. Curitiba: UFPR, 15/05/2018. Seminário Nacional – O Golpe de 2016 e o Futuro da Democracia.

RESENDE, V.; RAMALHO, V. Análise do Discurso Crítica, do modelo tridimensional à articulação entre práticas: implicações teórico-metodológicas. Linguagem em (dis)curso. *Tubarão*, jul./dez. 2004, v. 5, n. 1, p. 185-207.

RESENDE, V.; RAMALHO, V. Análise de discurso (para a) crítica: o texto como material de pesquisa. *Linguagem e sociedade*, v. 1. Campinas: Pontes Editores, 2011.

ROSE, D. Análise de imagens em movimento. In: BAUER, M. W.; GASKELL, G. (Eds.). Pesquisa qualitativa com texto, imagem e som: manual prático. Petrópolis: Vozes, 2002, p. 343-364.

SACKS, H.; SCHEGLOFF, E. A.; JEFFERSON, G. *A simplest systematics for the organization of turn-taking for conversation.* Language, dez. 1974, v. 50, n. 4, Par1.

SALGADO, G. A justiça sentada: a imagem da justiça brasileira na escultura de Ceschiatti. In: *Âmbito Jurídico*, Rio Grande, XV, n. 100, maio 2012. Disponível em: http://www.ambitojuridico.com.br/site/?nlink=revista-artigosleitura&artigoid=11716. Acesso em: 02/03/2019.

SCHIFFRIN, D. *Narrative as self-portrait: sociolinguistic constructions of identity*. Language in society, 1996, v. 25, p. 167-203.

SERRANO, F. In: LÜCKMAN, A. Economista defende reforço para o Mercosul. *Gazeta do povo*, 09/12/2008. Disponível em: https://www.gazetadopovo.com.br/economia/economista-defende-reforco-para-o-mercosul-bblg4h1zd84yhxx3itl41ijbi. Acesso em: 28/07/2018.

SILVA, D. "A Inocência dos Muçulmanos", blasfêmia e liberdade de expressão: problemas de tradução intercultural. *Sinais Sociais*, jan./abr. 2013, n. 21.

SILVA, D. Pragmática da Violência: o Nordeste na mídia brasileira. Rio de Janeiro: 7letras; FAPERJ, 2014.

SILVA, A. C.; MARCONDES, V. *Jornal Nacional* e as Manifestações contra o Aumento das Passagens. *Revista Grifos,* 2014, v. 23, n. 36/37, p. 85-95.

SILVERSTEIN, M. *The Uses and Utility of Ideology: A Commentary*. In: SCHIEFFELIN, B.; WOOLARD, K. A.; KROSKRITY, P. V. (Orgs). *Language ideologies: practice and theory*. Nova York: Oxford University Press, 1998.

SILVERSTEIN, M. *Language structure and linguistic ideology*. In: CLYNE, P.; HANKS, W.; HOFBAUER, C. (Orgs.) *The elements: a parasession on linguistic units and levels*. Chicago: Chicago Linguistic Society, 1979, p. 193-247.

SOUZA, J. A Radiografia Do Golpe: Entenda Como E Por Que Você Foi Enganado. São Paulo: Leya, 2016.

TANNEN, D. *Talking voices: repetition, dialogue and imagery in conversational discourse*. In: *Studies in Interactional Sociolinguistics, 6*. Cambridge: Cambridge University Press, 1989.

THOMPSON, J. B. Ideologia e cultura moderna: teoria social crítica na era dos meios de comunicação em massa. Trad. (Coord.) Pedrinho A. Guareschi. Petrópolis: Vozes, 2002a.

THOMPSON, J. B. A mídia e a modernidade: uma teoria social da mídia. Trad. Wagner de Oliveira Brandão. Petrópolis: Vozes, 2002b.

TUFECKI, Z. *Algorithmic harms beyond Facebook and Google: emergent challenges of computational agency*. Colorado Technology Law Journal, 2015, v. 13.

VALENTE, R. Jucá não falou sobre economia ao citar 'sangria'. *Folha de S. Paulo*, 23/05/2016. Disponível em: https://www1.folha.uol.com.br/poder/2016/05/1774182-juca-nao-falou-sobre-economia-ao-citar-sangria-ouca.shtml. Acesso em: 06/07/2018.

VAN DIJK, T. *How Globo media manipulated the impeachment of Brazilian President Dilma Rousseff*. Discourse & Communication, 2017, v. 1, n. 31.

VAN DIJK, T. *Discourse and manipulation*. Discourse & Society, 2006, v. 17, n. 3, p. 359-383.

VENTURINI, F. Da Ditadura Militar à Democracia Aparente: A Constituição Federativa do Brasil na Consolidação da Autocracia Burguesa (1964-1968). Pontifícia Universidade Católica de São Paulo (PUC–SP), São Paulo, 2014.

VENTURINI, F. In: AZENHA, L. C. Fabio Venturini: No golpe dos empresários, a "mais beneficiada foi a Globo". *Viomundo*, 27/03/2014b. Disponível em: https://www.viomundo.com.br/denuncias/fabio-venturini-no-golpe-dos-empresarios-se-uma-empresa-foi-beneficiada-a-mais-beneficiada-foi-a-globo.html. Acesso em: 14/03/2019.

VILLAVERDE, A. É Golpe, Sim: Terceiro Turno sem Urnas, o Ataque aos Direitos Sociais e o Entreguismo. Porto Alegre: Sulina, 2016.

VIANA, N. A direita abraça a rede. *Pública*, 22/06/2015. Disponível em: https://apublica.org/2015/06/a-direita-abraca-a-rede/. Acesso em: 08/01/2019.

WODAK. R. Do que trata a ACD – Um resumo de sua história, conceitos importantes e seus desenvolvimentos. *Linguagem em (Dis)curso – LemD*, Tubarão, 2004, v. 4, n. esp., p. 223-243.

WODAK. R.; MEYER, M. (Orgs.). *Methods of Critical Discourse Analysis*. Londres: Sage, 2001.

GAL, S. *Multiplicity and Contention among Language Ideologies: A Commentary*. In: BRIGHT, W. (Org.). Language Ideology: Practice and Theory. Nova York: Oxford University Press, 1998.

YAMAMOTO, K. L. As Manifestações de Junho de 2016 no Jornal Nacional: uma pesquisa em torna da instância da imagem ao vivo. Escola de Comunicação e Artes da Universidade de São Paulo, São Paulo, 2016.

ZERO, M. Por que o Mercosul incomoda os conservadores?. Carta Capital, 07/08/2014. Disponível em: https://www.cartacapital.com.br/economia/por-que-o-mercosul-incomoda-os-conservadores-7504/. Acesso em: 06/06/2018.

ANEXO | **NOTÍCIAS ANALISADAS**

"Dilma Rousseff vence a eleição mais acirrada da história da democracia brasileira". Disponível em: https://globoplay.globo.com/v/3725031/.

"Delator apresenta documentos do pagamento de propina a políticos". Disponível em: http://g1.globo.com/jornal-nacional/noticia/2015/07/delator-apresenta-documentos-do-pagamento-de-propina-politicos.html.

"Cunha autoriza abertura de processo de impeachment contra Dilma". Disponível em: http://g1.globo.com/jornal-nacional/noticia/2015/12/cunha-autoriza-abertura-de-processo-de-impeachment-contra-dilma.html.

"OAB entrega pedido de impeachment na Câmara depois de muito tumulto". Disponível em: http://g1.globo.com/jornal-nacional/noticia/2016/03/oab-entrega-pedido-de-impeachment-na-camara-depois-de-muito-tumulto.html.

"Juiz Sérgio Moro, da Lava Jato, é homenageado em Nova York". Disponível em: http://g1.globo.com/jornal-nacional/noticia/2016/04/juiz-sergio-moro-da-lava-jato-e-homenageado-em-nova-york.html.

"Juiz Sérgio Moro determina prisão de Vaccari com base nas delações". Disponível em: http://g1.globo.com/jornal-nacional/noticia/2015/04/juiz-sergio-moro-determina-prisao-de-vaccari-com-base-nas-delacoes.html.

"Justiça torna público um diálogo entre Lula e a presidente Dilma". Disponível em: http://g1.globo.com/jornal-nacional/noticia/2016/03/justica-torna-publico-um-dialogo-entre-lula-e-presidente-dilma.html.

"Globo responde a militantes do PT, Dilma e Lula". Disponível em: http://g1.globo.com/jornal-nacional/edicoes/2016/03/17.html.

"Congresso lotado vota pelo prosseguimento do processo de impeachment". Disponível em: https://globoplay.globo.com/v/4965879/.

AGRADECIMENTOS

Este livro é resultado de pesquisa de mestrado que disputou espaço com uma intensa rotina profissional e muita turbulência no plano pessoal. Eram duas escolas em municípios distintos, 16 turmas lotadas, muitas provas, trabalhos, diários, chefias e deslocamentos árduos. Em casa, um filho adolescente, um casamento que começou logo após meu ingresso no mestrado, uma enteada e mais dois filhos de quatro patas - que vieram junto no pacote - também demandavam atenção. Sem risco de errar, posso afirmar que a maior dificuldade que encontrei no empreendimento deste estudo foi o tempo. Ou a falta dele. Por muitas vezes, cheguei a pensar que não conseguiria, "não daria tempo". E de forma impressionante, em cada momento de angústia, pude contar com seres iluminados que, de uma maneira ou de outra, contribuíram para que eu pudesse prosseguir. A todas essas pessoas quero expressar a minha imensa gratidão.

Começo, então, agradecendo à orientação mais brilhante, compreensiva, generosa e linda que alguém poderia ter. Não tenho dúvidas de que eu não teria chegado tão longe sem a compreensão, a generosidade e o apoio desse orientador de inteligência ímpar que me impulsionou a amadurecer a pesquisa até chegarmos ao resultado final. Dani, mu::ito obrigada!!! Obrigada pela honra e pelo privilégio da sua orientação. Obrigada por me permitir uma experiência acadêmica tão produtiva e leve. Sei que isso é um privilégio para poucxs e serei eternamente grata a você por essa oportunidade.

Falando em orientação linda e generosa, lembro da linda Liana Biar que me inspirou e incentivou desde a especialização quando me honrou com a sua orientação no trabalho que, por sinal, deu origem a esta dissertação. Não há palavras que possam expressar todo o meu carinho e toda a minha gratidão por cada aula partilhada e por todo o conhecimento que tive o privilégio de experimentar graças às suas aulas sempre ricas e encantadoras.

Seguindo essa sequência de pessoas brilhantes e generosas, e não me deixando mentir sobre o quanto fui agraciada nessa jornada, agradeço imensamente à genial Branca Falabella que acreditou na proposta de uma aluna que ela sequer conhecia. Acreditou na aluna com um tema polêmico e, com isso, me fez acreditar que eu poderia realizar o sonho de ser uma Mestra pela UFRJ.

Não posso deixar de agradecer aos ícones Liana Biar e Branca Falabella pela honra de contar com a iluminação dessas divas na minha banca e por cada apontamento que contribuiu notadamente para o enriquecimento desta dissertação.

Quero também agradecer aos queridos amigos que me acolheram na UFRJ e tornaram a esse processo mais alegre e afetuoso. Agradeço, especificamente, à maravilhosa Claudia Graça que se fez presente em um dos momentos mais difíceis da minha vida pessoal me brindando com a alegria, o carinho, a generosidade e a sabedoria que lhe são característicos. Agradeço à querida Clarissa Gonzalez pelas trocas que começaram no campo astrológico e chegaram à interessantíssima ideia dos planos cinematográficos que me orientou nas análises desse texto. Agradeço ao Gato Álvaro pela companhia nas aulas, pela solidariedade na qualificação e pelo carinho de sempre. Agradeço também à doce Manu e ao querido Heraldo pelas parceria e amizade.

Quero também agradecer a tod@s @s amig@s virtuais, companheir@s de luta que, diante dos maus momentos vividos por quem se dedicou a pensar política nesses tempos de golpe, me presentearam com a alegria do encontro e o alento do pertencimento.

À querida Camila, coordenadora que se tornou amiga, agradeço pelo apoio e esforço em viabilizar o ingresso e a permanência de profissionais da educação básica na vida acadêmica. A minha pesquisa deve muito a sua generosa coordenação. Serei eternamente grata pelo nosso encontro nessa jornada e pelo privilégio da sua amizade. Amo você, minha anja!

Queri@s Laurinha e Suzaninha, a vocês agradeço imensamente pela parceria, pela amizade, pelo companheirismo, pelo carinho e pelos sorrisos que sempre alegraram os nossos dias na escola ou fora dela. Vocês são amigas preciosas e foram muito importantes nessa jornada. Muito obrigada!

Às queridas companheiras Rosana Abreu e Raquel Lírio agradeço pela energia boa e pelo suporte durante todo esse processo de escrita. Mulheres fortes e potentes que não fogem à luta e têm toda a minha admiração. Recebam meu carinho e minha gratidão.

Lucas Santiago! A voz mais linda do PIPGLA. Me faltam palavras para agradecer toda a sua contribuição para a publicação deste livro. Serei eternamente grata a você por cada sugestão e (re)leitura ao longo dessa (re) escrita. Você é incrível, potente e lindeee! Te ter por perto é sorte na vida. Sou mesmo muito sortuda! Obrigada de todo o meu coração!

Agradeço ao meu grande amigo e parceiro acadêmico Danillo Silva pelos momentos e escritas que dividimos ao longo dessa jornada. Escrever com quem amamos e admiramos é um luxo que eu tenho o prazer de ostentar ao seu lado, meu lego! Você é luz e eu agradeço imensamente ao grande Cosmos pela oportunidade de ter o meu caminho iluminado pela grandeza e generosidade que lhe são características. Brindemos também à nossa querida UFRJ que permitiu esse encontro. Obrigada pelo incentivo, pelas conversas, pela parceria e pelas risadas em revezamento com os surtos que não foram poucos, né? (risos). É um privilégio contar com a amizade de um ser tão genial e tão generoso como você. Te amo, Dan! Obrigada e um Xêro!

Agradeço imensamente ao meu Baby, meu amor, meu parceiro, pai do Enrico que, ainda da barriga da mamãe, participou da defesa da dissertação que resultou neste livro. Meu amor, obrigada pela dignidade da sua paternidade, obrigada pela dedicação, pela escuta nas transcrições e pelas inúmeras refeições na cama durante fins de semana e feriados para que eu não perdesse tempo. Obrigada pelas férias e pelo carnaval em regime de maratona de escrita, com leveza e amor. Obrigada por ser esse cara incrível que nem nos piores momentos se/me deixou abater. Essa escrita também é sua. Obrigada por tanto! Te amo, Baby meu!

Por fim, quero agradecer às mulheres incríveis que insistem em avançar na política e no espaço acadêmico quando tudo parece nos lembrar que política, pesquisa acadêmica e maternidade são movimentos conflitantes. Maternar e mestrar/doutorar é um movimento de resistência. Sigamos!

1ª edição | janeiro 2023
impressão | meta
papel miolo | pólen soft 80g/m²
papel capa | cartão supremo 300g/m²
tipografia | laurentian e marsden